雪謙文化

修行百頌

在俗世修行的一○一個忠告

The Hundred Verses of Advice

作者：頂果欽哲法王 Dilgo Khyentse Rinpoche

總召集：賴聲川　　審定：蓮師中文翻譯小組　　譯者：項慧齡

目次

中文版序：依循佛法的指引

——雪謙冉江仁波切（Shechen Rabjam Rinpoche）

本書是金剛持頂果欽哲仁波切針對帕當巴・桑傑（Padampa Sangye）的《修行百頌》所做的論釋，為努力在俗世中依循佛法的人提供了指引。數世紀以來，許多佛弟子研習這《修行百頌》，它完整概述了西藏佛教的修持之道，十分貼近我們的生活。

有鑑於華人弟子對西藏佛教有愈來愈深刻的興趣，我對我的根本上師金剛持頂果欽哲仁波切的深奧法教能在台灣出版，感到欣喜。

我感謝本書譯者項慧齡志願且無私地把本書翻譯成中文，同時也感謝所有雪謙佛學中心的成員，讓本書得以出版。

推薦序：甚深中之甚深話語

——金剛持楚西仁波切（Kyabje Trulshik Rinpoche）

嗡 斯瓦斯帝（OM SVASTI）

言語之獅，化現人身，

於聖地及其他處，

住世長達六百年整，

其解脫之一生不可思議，

對他，尊聖長壽持明者，

吾尊敬頂禮。

對西藏聽瑞之鄉人，

他宣說百頌，

甚深中之甚深話語，

精闢之言，無處不聞，無處不曉，

在此出色書籍之中，

西藏第二佛，蔣揚‧欽哲‧旺波之意化身，

真確清晰地闡釋其言，

透過他的金剛舌加以論說，

對他，金剛乘法教之全知不變持明者，吾真誠皈依。

經由為本書作序，我想要在以上的開首偈頌之後，稍微著墨於帕當巴‧桑傑這位大師的生平。在聖地印度，他是知名的蓮花戒阿闍黎（Acharya Kamalashila），在西藏，他則是帕當巴‧桑傑。

帕當巴‧桑傑曾三度造訪西藏，並在當地停留。我們可以確信，他之所以前往西藏，乃是受到本初智慧佛的指引。事實上，他擁有一塊佛陀贈予的神奇石頭。他從印度朝西藏的方向投擲這塊石頭，並祈願，在石頭落地之處，即可找到可堪予授教的弟子。於是他前往西藏，找尋這塊石頭。

石頭落在今日蒼（Tsang）省拉多（Lato）地區的聽瑞郎廓（Tingri Langkhor）。當帕當巴‧桑傑抵達聽瑞時，已開始下雪。但在石頭落地之處，他看到一塊顏色深暗的區域，其周圍的雪已經融化。他被告知，當這塊石頭落地時，曾發出「聽」（ting）的聲響，因而此地被稱為「聽瑞」。在此，帕當巴‧桑傑發現一塊麝香鹿環繞行走的地點，並把它選為寺院的院址。這個地點即是為人所知的「拉廓」（Lakor，或「郎闊」Langkhor），意思是「被麝香鹿繞行」。

在最後一次造訪西藏期間，帕當巴‧桑傑見到了密勒日巴尊者。當

時他們兩人相遇，彼此較勁展現神力之地，即是今日的「寧傑多康」（Nyingje Dronkhang）——「悲心客棧」（Compassion Inn）。這個事件及其他事件，都被記述在密勒日巴尊者的自傳中。

蔣揚・欽哲・旺波，「七部藏」（Seven Transmissions）的持明者，乃是蓮花戒阿闍黎，也就是帕當巴・桑傑的化現。而蔣揚・欽哲・旺波後來選擇以「神奇的化身」來重新示現。這位化身是一個偉大的學識和成就的大師，宇宙壇城的指引；他如雷貫耳的名號——在此，我一定要提及——讓整個世界燦爛光輝，他就是：金剛持頂果欽哲仁波切，局美・德卻・天佩・嘉參（Kyabje Dilgo Khyentse，Gyurme Thekchok Tenpai Gyaltsen，意指「不變金剛乘法教之勝利旗幟」），或稱吉美・拉瑟・達瓦（Jigme Rabsel Dawa，意指「無畏明月」）。他對《修行百誦》做了精采的闡釋，其文稿由法國的蓮師翻譯小組修訂，並翻譯成為英文和法文。我衷心隨喜這項工作的完成，因為它是一本非常重要的著作。各行各業的人，無論是佛教徒與否，都應該閱讀、研究這本傑出的著作，並付諸實修。

這篇推薦序是由佛教僧侶兼蠢材阿旺・卻吉・羅卓（Ngawang Chokyi Lodro）所撰寫。在以本書作者為首的偉大上師的弟子之中，他是最不成材的一個弟子，並被人們形容為札隆・楚西・夏獨（Dzarong Trulshik Shadeu）的化現。一九九九年十二月八日，他在法國的札西佩巴林（Tashi Pelbar Ling）雙手合十祈願。願善業增長！

英文版序

一九八七年，頂果欽哲仁波切在馬修・貢秋・天津（Matthieu Konchog Tendzin）代表昆桑・多傑（Kunzang Dorje）及其他弟子的懇請之下，於尼泊爾的雪謙寺闡釋帕當巴・桑傑著名且啟發人心的詩句。

起初，頂果欽哲仁波切使用聽瑞版本的本續來讀帕當巴・桑傑的偈誦；而這個本續是當時仁波切手邊唯一的版本。之後，仁波切改用他認為比較可靠的gdams ngag mdzod版本。

這兩個版本如下：

一、rje btsun dam pa sangs rgyas kyis ding ri par zhal chems su stsal pa ding ri brgya rtsa ma，一百個偈誦：取自西藏西部聽瑞郎廓的十二張木版印刷。

二、Rgya gar gyi grub thob chen po dam pa rgya gar ram dam pa sangs rgyas zhes pa'I gsung mgur zhal gdams ding ri brgyad cu pa，八十個偈誦，取自gdams ngag mdzod第十三卷，第三十一至三十六頁，由蔣貢・康楚・羅卓・泰耶（Jamgon Kongtrul Lodro Thaye）彙編。一九

七九年，由喇嘛·莪竹（Lama Ngodrup）和謝拉·質美（Sherap Drimey）於不丹帕羅（Paro）出版；二○○○年，由印度德里之雪謙出版社（Shechen Publications）再版。

帕當巴·桑傑的偈誦，由約翰·康諦（John Canti）翻譯成英文，而頂果欽哲仁波切的口語教授，則由馬修·李卡德（Matthieu Ricard）翻譯成英文；兩者都是蓮師翻譯小組（Padmakara Translation Group）之成員。

我們要感謝羅莉和佛格斯·佛拉納干（Lori and Fergus Flanagan）、貝瑪·耶謝（Pema Yeshe）、馬修·阿凱斯特（Matthew Akester）和茱迪斯·阿姆茲斯（Judith Amtzis）協助潤飾頂果欽哲仁波切的論釋英譯稿，約翰·康諦精采的定稿，以及薇薇安·庫茲（Vivian Kurz）在所有出版過程中所付出的心力。

作者簡介：頂果欽哲法王簡傳

頂果欽哲法王是最後一代在西藏完成教育與訓練的偉大上師之一。他是古老的寧瑪巴傳承的主要上師之一，是實修傳承的傑出持有者。在他一生中，曾閉關二十二年，證得許多受持法教的成就。

他寫下許多詩篇、禪修書籍和論釋，更是一位伏藏師（tertön）——蓮師埋藏之甚深法教「伏藏」的取寶者。他不僅是大圓滿訣竅（the pith instructions）的指導上師之一，也是窮畢生之力尋獲、領受和弘傳數百種傳承的持有者。在他那個世代中，他是利美運動（不分派運動）的傑出表率，能依循每一教派本身的傳承來傳法而聞名。事實上，在當代上師中，只有少數人不曾接受過他的法教，包括至尊達賴喇嘛等多數上師，都敬他為根本上師之一。

集學者、聖哲、詩人和上師之師於一身，仁波切以他的寬容大度、簡樸、威儀和幽默，從未停歇對緣遇人們的啟迪。頂果欽哲仁波切於一九一○年出生在東藏的丹柯河谷（Denkhok Valley），其家族是西元九世紀赤松德贊王的嫡系，父親是德格王的大臣。當他還在母

親腹中時，即被著名的米滂仁波切指認為特殊的轉世。後來米滂仁波切將他取名為札西・帕久（Tashi Paljor），並賜予特殊加持和文殊菩薩灌頂。

仁波切幼年時便表現出獻身宗教生活的強烈願望，但他的父親另有打算。由於他的兩兄長已離家投入僧侶生涯：一位被認證為上師的轉世，另一位想成為醫師，仁波切的父親希望最小的兒子能繼承父業。因此當仁波切被幾位博學大師指認為上師轉世時，他的父親無法接受他也是祖古（tülku）——上師轉世——的事實。

十歲那年，這個小男孩因嚴重燙傷而病倒，臥床幾達一年。多聞的上師們都建議，除非他開始修行，否則將不久人世。在眾人懇求之下，父親終於同意他可以依照自己的期盼和願望來履行使命。

十一歲時，仁波切進入東藏康區的雪謙寺（Shechen Monastery），這是寧瑪派六大主寺之一。在那裡，他們的根本上師，米滂仁波切的法嗣雪謙・嘉察（Shenchen Gyaltsap），正式認證他為第一世欽哲仁波切——蔣揚・欽哲・旺波的意化身，並為他舉行座床典禮。蔣揚・欽哲・旺波（1820-1892）是一位舉世無雙的上師，與第一世蔣貢・康楚共同倡導西藏的佛教文藝復興運動，所有當今的西藏大師都從這個運動中得到啟發與加持。

「欽哲」意即智慧與慈悲。欽哲傳承的轉世上師是藏傳佛教發展史上的幾位關鍵人物，其中包括赤松德贊王、九世紀時與蓮師一起將密法傳入西藏的無垢友尊者（Vimalamitra）、密勒日巴尊者弟子暨噶舉派祖師的岡波巴大師（Gampopa）、十八世紀取出龍欽心髓（Longchen Nyingthing）的吉美・林巴尊者等。

在雪謙寺時，仁波切有很多時間住在寺廟上方的關房，跟隨其根本上師學習與修行。在這段期間內，雪謙・嘉察授予他所有寧瑪派的主要灌頂和法教。仁波切也向其他許多大師學習，包括巴楚仁波切著名的弟子卓千・堪布・賢噶。堪布・賢噶將自己的重要著作《十三部大論》（*Thirteen Great Commentaries*）傳給他。他總共從超過五十位上師處得到廣泛的法教與傳法。

雪謙・嘉察圓寂前，欽哲仁波切向他敬愛的上師許諾：他將無私地教導任何請法之人。此後，從十五歲到二十八歲間，他大多數的時間都在閉嚴關，住在偏遠的關房和山洞裡，有時只住在離出生地丹柯河谷不遠山區裡突出山岩的茅棚中。

頂果欽哲仁波切後來伴隨宗薩・欽哲・卻吉・羅卓（Dzongsar Khyentse Chökyi Lodrö，1896-1959）多年，他也是第一世欽哲的轉世之一。從卻吉・羅卓處接受了《大寶伏藏》（*Rinnchen Terdzö*）的許多灌頂之後，仁波切表示他想將餘生用於閉關獨修。但卻吉・羅卓回

答：「這是你將所領受的無數珍貴法教傳下、授予他人的時候了。」
從此，仁波切便孜孜不倦地為利益眾生而努力不懈，成為欽哲傳承
的標竿。

離開西藏後，欽哲仁波切遍歷喜瑪拉雅山區、印度、東南亞及西方
各地，為眾多弟子傳授、講解佛法，多半由妻子桑雲・拉嫫
（Sangyum Lhamo）和孫子暨法嗣的雪謙・冉江仁波切（Shechen
Rabjam Rinpoche）隨侍在旁。

不論身處何地，仁波切總是在黎明前起床，祈請、禪修數小時後，
再開始一連串活動，直到深夜。他能夠安詳自在地完成一整天的沈
重工作。無論他做什麼——他可以同時處理幾件不同的工作——似
乎都與他自然流露的見、修、行一致。他的弘法與生活方式已和諧
地融為一體，渾然融入修行道上的各個階段中。他也廣作供養，一
生中總共供了一百萬盞酥油燈。所到之處，他資助許多修行者和有
需要的人們，其謹嚴的態度，只有極少數的人知道他的善行。

仁波切認為在聖地建塔興寺有助於防止戰爭、疾病與饑荒，並能促
進世界和平，提升佛教的價值與修行。在不丹、西藏、印度及尼泊
爾，他不屈不撓地啟建、重修了許多佛塔與寺院。在不丹，他依照
先前為國家和平所做的預言，建造了數座寺院供奉蓮師，並蓋了一
些大佛塔。漸漸地，他成為全不丹人，上至皇室下至平民最尊敬的

上師之一。仁波切重返西藏三次，重建並為毀於文革時期的雪謙寺開光，且以各種方式捐助修復了兩百間以上的西藏寺院，尤其是桑耶寺（Samye）、敏珠林寺（Mindroling）和雪謙寺。在印度，他也在佛陀成道的菩提樹所在地菩提迦耶建了一座新塔，並計畫在北印度其他七處和佛陀有關的偉大聖地建塔。

在尼泊爾，他把豐富的雪謙傳統搬入新家——位於波納斯大佛塔（stupa of Bodhnath）前的一座宏傳寺院。此寺成為他的主要駐錫地，可容納住持冉江仁波切所領導的眾多比丘。欽哲仁波切有一個特別的願望，希望這座寺院能成為以原有純淨傳承來延續佛法的道場，如同他們先前在西藏所學習、修行般。他也投注相當大的心力教育傑出的年輕上師，使其能擔負延續傳統之大任。

西藏的佛書與圖書館歷經大規模的破壞之後，很多著作都只剩下一、兩個副本。仁波切花了多年時間，盡可能印行西藏佛法的特殊遺產，總共印製了三百函，包括蔣貢·康楚的《五寶藏論》（*five treasures of Jamyang Knogtrul*）。直到晚年，仁波切都還在尋訪他尚未得到的傳承，並傳授弟子他所持有的傳承。終其一生，在數不盡的法教中，他曾傳授兩次一百零八函的《大藏經》（*Kangyur*），以及五次六十三函的《大寶伏藏》。

他在一九七五年首度造訪西方，此後又造訪多次，包括三趟北美之

行，並在許多國家傳法，尤其是在他歐洲的駐錫地，位於法國多荷冬的雪謙・滇尼・達吉林（Shechen Tennyi Dargyeling）。在那裡，來自世界各地的弟子都從他身上獲得了廣泛的法教，有幾批弟子也在他的指導下開始傳統的三年閉關修行。

透過他廣大的佛行事業，欽哲仁波切不吝地奉獻全部生命於維續、弘揚佛法。讓他最感欣慰的事，就是看到人們實修佛法，生活因發起菩提心和悲心而轉化。

即使在生命的最終幾年，欽哲仁波切非凡的精神與活力也甚少受到年歲的影響。但在一九九一年初於菩提迦耶弘法時，他開始示顯生病的初步徵兆。然後，在結束所有教學課程後，他仍繼續前往達蘭莎拉（Dharamsala），順利地以一個月的時間，將一系列重要的寧瑪派灌頂和法教傳給至尊達賴喇嘛，圓滿後者多年的祈請。

回到尼泊爾後，正值春季，他的健康持續惡化，許多時間都花在默默祈請與禪修中，每天只保留幾小時會見需要見他的人。後來他決定前往不丹，在蓮師加持的重要聖地「虎穴」（Paro Taktsang）對面閉關三個半月。

閉關結束後，仁波切探視幾位正在閉關的弟子，開示超越生死、超越任何肉身化現的究竟上師之意。不久後，他再度示現病兆。一九

九一年九月二十七日夜幕低垂時，他要侍者幫助他坐直。次日凌晨，他在風息停止，心識融入究竟空性之中。

導言：帕當巴・桑傑的臨終證言

當我們開始學習任何法教的時候，我們應該以祈願獲致證悟做為開始；而祈願獲致證悟，不只是為了我們個人的解脫，也是為了能夠讓一切眾生離於苦及苦因，尤其是離於迷妄和無明。修習這些法教，並把它們付諸實修，將慢慢地使我們實現這個巨大的抱負。思量法教的無價，覺察擁有學習法教的機會是如何的稀有難得，我們應該全神貫注，用一種謙遜、利他的態度來領受法教，並決心竭盡所能地來善用法教。

《修行百頌》是印度偉大聖哲蓮花戒——他的藏文名字帕當巴・桑傑（Padampa Sangye）較為人所熟知——的心靈證言。在某一個過去世中，他曾是佛陀的親近弟子。佛陀預示，在未來的一次投生中，他將利益無數眾生。

於是，他投生成為帕當巴，藏文的意思是「尊聖之父」。帕當巴是一個偉大的學者，師承一百五十位大師，並且把他們的法教付諸實

修，直到他真正成為一個靈修知識的寶庫。身為一個成就的瑜伽士，他擁有無數淨觀，示現許多奇蹟，此乃他心靈證悟的明證。最後，他證得了超越生死輪迴的金剛身。

他曾旅行至中國和西藏三次，傳入「平息痛苦」❶的法教，是至今仍然被人們修持的西藏八大傳承之一。

帕當巴停留在高地山谷聽瑞這個區域很長一段時間；聽瑞位於西藏和尼泊爾的邊境。在他的無數個弟子當中，有四個弟子特別親近他的心。有一天，這四個弟子中的一個弟子，在久違之後抵達聽瑞。他看到上師如此年邁而感到非常悲傷，於是他問：「尊者，當你離開世間的時候，毫無疑問的，你將從一個淨土到另一個淨土，但是我們，聽瑞的鄉人，將會如何呢？我們能夠信任誰呢？」

對於帕當巴而言，死亡的確只是從一個淨土到另一個淨土。但是對

他的弟子而言，他的死亡意味著，他們無法再看見他的面容，無法再聽見他的聲音。「在一年內，」帕當巴說，「你將在此發現一個印度老隱士的屍骸。」

弟子們的眼睛盈滿淚水，而帕當巴教導《修行百頌》，即是為了這些弟子。

一年過去了，帕當巴開始顯現病兆。當弟子憂心他的健康的時候，他簡潔地告訴他們：「我的心生病了。」為了解開弟子們的困惑，帕當巴又說：「我的心已和現象世界交融在一起了。」他如此示現所有分別的認知已從他的心中消失。「我不知道如何形容這種疾病，」他用一種寧靜的幽默感來補充說明，「身體的疾病可以被治療，但這個病是無法痊癒的。」接著他凝視著天空圓寂了。

以下是帕當巴的心靈證言《修行百頌》，意義深奧又簡明易懂。誠摯認真的修行者將發現，這些偈頌中的所有教導，都是正統佛法修持不可或缺的精髓。

修行百頌

向上師頂禮！

薈聚在聽瑞的幸運行者們， 聽啊！

在講授法教之前，帕當巴先向上師頂禮。上師是一切加持之源，過去、現在、未來諸佛之總集。他認為聽瑞居民「幸運」，是因為他們熱切地渴望研習與實修佛法，因而了解如何使生命具有意義。

如同破爛之舊衣無法恢復原有的新貌，
一旦你患了不治之症，向醫師求診是無用的。
你必須離開。
我們人類活在這個世間，
如同溪流河川流向海洋般，
所有眾生都朝向同一個目的地前進。

如同一件衣物經過多年的使用而變得老舊，最後破爛不堪一般，生命也是分分秒秒、日復一日地枯竭殆盡。沒有任何人事物能夠阻止這個無可避免的過程。在死亡的時刻，諸如土地和錢財等虛幻的財物，完全無用武之地。我們終究免不了孤獨地死去，把所有事物留在身後，如同從一團奶油中抽出的一根毛髮❷，我們被抽離於生命中所熟悉的事物。

除了死亡，我們的生命沒有其他的結局，如同海洋是河流唯一的歸處。在死亡的時刻，修行是我們唯一的依賴，一生所行之善業是我們唯一的朋友。

此刻，如同一隻飛離樹梢的小鳥，
我也將不會在此地太久；很快地，我必須離開。

沒有任何事物比一個能夠在死亡時刻協助我們的法教更加必要且珍貴。諸佛與上師以法教的形式傳下生動的智慧話語。這樣的法教與偉大的諸佛上師是無二無別的；它們能使任何用心體悟法教的人，獲得與他們相同的證量，也為那些渴望進入解脫道的人，提供永不枯竭的啟發之源。

1

如果你們虛度此生，空手離開世間，

聽瑞的人們啊，

那麼在未來，人身將非常難尋。

有些人認為，他們不必急著遇見一位上師，未來總會有時間修持佛法。這種態度使他們輕佛法而重俗務。

當播種的時節來臨，農人立刻開始播種，不會拖延到第二天。同樣的，當修持佛法的順緣具足時，我們應該把全副精神用於修行，不要耽擱片刻。

2

把身、語、意全用於實修殊勝的法教，

聽瑞的人們啊，

這是你們所能從事的最美好的事物。

在不變的因果法則之下，我們的行為（身）、語言（語）和思想（意），決定了日後所要經歷的快樂或痛苦。如果行為之秤的秤桿傾向不善的那一側，我們將在輪迴的下三道中受苦。如果秤桿傾向善的那一側，我們將能夠從輪迴中解脫，並在一個生世內證悟成佛。抉擇顯而易見：讓我們避免痛苦之因，確保獲得安樂。

如果你在佛法興盛之處投生為人，遇見一位具有成就的上師，並把上師的教導付諸實修，那麼將使今生及未來的生生世世獲得無限廣大的利益。你將了悟，世俗的紛擾把你執囚在輪迴的牢籠中，而生起一股渴望從輪迴牢籠中解脫的強烈慾望。此刻，你正站在一個十字路口上，一條通往解脫道，另一條則通向輪迴六道。

經典有云：

> 身是能夠引導你渡往解脫彼岸之船，
>
> 身是能夠讓你沉入輪迴無底深淵之石，
>
> 身是邪惡的僕役，也是善德的僕役。

正如一塊清澈透明的水晶會折射其支托的顏色，我們的心意也決定了行為的善或惡。因此，選擇正確的道路，把我們的行為、語言、念頭導向佛法是很重要的。

初學者應該把所有的精力放在培養善的串習、消滅不善的串習之上。在佛陀住世期間，婆羅門優波掘多（Brahmin Upagupta）以每日紀錄的方式來提高警覺，測量自己進步的程度：每天傍晚，他把黑色、白色的卵石分成兩堆，每一粒黑卵石代表他在白天生起的每一個惡念或犯下的每一個惡行，每一個白卵石代表他在白天生起的每一個善念或從事的每一個善行。剛開始，黑卵石堆遠高於白卵石堆。但漸漸地，兩個石堆的高度趨於平等。最後，由於他堅持不懈，他達到只有白卵石堆的境界。

3

　　把今生的身、心、靈獻給三寶，

　　聽瑞的人們啊，

　　來自三寶的加持必會生起。

對三寶及總集三寶於一身的上師所生起的全然信心，將使心如同清澈平靜的湖水，可以清晰地映照加持之月。有了這種信心的力量，我們的心將安住於三寶所賦予的寧靜沉著之中。如此一來，無論情況是好是壞，對我們又有什麼關係呢？

4

忘卻今生的目標，轉而把焦點集中於來世，

聽瑞的人們啊，

那才是最崇高的目標。

用只顧今生、只追求自己的健康、長壽、舒適的狹隘眼界來修持佛法，是徒勞無益的。相反的，你應該努力思惟自己在所有來世之中，將面臨什麼樣的狀況。你不應該只思及自己的未來，也要考慮所有眾生的未來。無論你做什麼，行為背後的意圖決定了結果的善惡。如果你要掌控和轉化你的心──畢竟，這是佛法的目標──那麼先檢視那些潛在的意圖和念頭是重要的。你修持佛法究竟是為了自身的利益，還是為了他人的利益？

為了自己去尋求快樂，避免痛苦，常是我們的第一考量。但是如果你往後退一步，把自己視為無限有情眾生中的一個，那麼你個人的渴望和恐懼就顯得微不足道。正如你渴望獲得快樂一般，所有其他眾生也渴望安樂。然而，在他們追求快樂的過程中，幾乎是所做的每一件事，都只會為他們帶來痛苦。如果他們能夠聽聞和遵循深奧的佛法法教，那麼他們將如同盲人恢復視力一般地了解到，只有善行能夠為自己和他人、為今生和來世帶來安樂。小心謹慎地從事善行，避免惡行，是從輪迴的痛苦中解脫，獲得證悟的永久安樂的唯一途徑。事實上，如果你沒有把這個真理完全融合成為自己的一部分，那麼你聲稱希望幫助他人，也是徒然。

這是為什麼當你遵循法教，並付諸實修的時候，必須如此思惟：
「願我獲至證悟，把這些法教傳予一切眾生，引領他們證得佛果。」
而不是懷抱著自己將因為博學多聞而受人敬重或有所回報的想法。

如果你的心趨向如此正面的目標，那麼可以肯定的是，你所說的話
語，你所從事的行為，將如僕役服從主人的命令一般，會自然而然
地朝同一個方向前進。但如果你的心是散漫的，充滿執著、瞋恨和
無明，那麼無論你做了幾百萬次大禮拜，或持誦幾百萬次咒語，都
形同享用摻雜了毒藥的美食。這不是我們趨近成佛的方法。

試著在任何情況下，努力持有圓滿純淨的念頭，那麼即使是最微不
足道的行為，也都能保有它的正面力量直至證悟，如同落入海洋的
水滴，能夠和海洋一樣長存。

5

家人如同市集上的人群般短暫，

聽瑞的人們啊，

切勿爭鬥閱牆。

家人之間的聯繫如同市集人群的聚合般短暫。在我漫長的一生當中，我不只一次親眼目睹夫妻、親子反目。大家庭往往是強烈執著與瞋恨上演的地點；這些執著與瞋恨經常引發爭執與怨恨。當家庭出現紛爭的時候，光是一些片刻的敵意或成見，就可能導致緊張的場面，而使一些家庭成員彷彿被邪魔附身般，彼此殺害或自殺。

當男人和女人因業力結合時，他們應該為了和諧共處而努力。爭吵一點好處也沒有——它們為每一個陷入爭執的人帶來巨大的痛苦。你應該擔負起這個責任，和顏悅色地對待所有的家庭成員，以身作則地用慈愛一點一滴地讓家人親近佛法。

在寺院中，許多比丘或比丘尼共同生活在一起，因此讓大家感覺彼此團結一致，持守良好的戒律是重要的。和諧的寺院社群是構成佛法的基礎。

上師與弟子之間的關係也是如此。如果弟子與上師維持圓滿純淨的關係（這種心靈上的聯繫在梵文中稱為「三昧耶」〔samaya〕），他們在修行道上將不會遭遇任何障礙。

我們之中有許多人已跨越了金剛乘的門檻，在同一個壇城中心，從同一個上師處接受灌頂，成為修行道上的兄弟姊妹。因此，我們之間所發生的任何爭執與不睦，都是嚴重的錯誤。如果參加金剛乘竹千（drupchen）大法會的人爆發爭執，那麼在爆發爭端的剎那，整個法會就被糟蹋了，如同一罈被落入老鼠染污的牛奶，因不潔而無法飲用。

6

錢財如同魔術表演，不過是誘惑與欺騙，

聽瑞的人們啊，

切勿被貪欲的繩結繫縛綑綁。

巨大的財富、精緻的華服和美食——即使你擁有你所渴望的每一件事物——都無法永久。有所積聚，勢必有所耗盡。無論你積累多少財物，遲早都會用盡。權勢和地位也是如此，有起必有落。沒有人能夠永久佔據相同的位階。所有的聚合註定以分離為收場。在某個時刻，十萬人聚集在一起，但幾個小時之後，他們解散。生命是短暫的，出生無可避免地皆以死亡為終結。可曾有過任何一個生命逃離死亡？

某個人在累積了巨大財富之後，或許會心滿意足地回顧自己的成就，並驕傲地想著：「我是一個富有的人。」然而，他也可能如此深刻反思：那些財富有哪些、有多少是靠著謊言、欺騙、犧牲他人的利益而獲取來的。長遠來看，這些負面行為只會招致痛苦。

只要是以誠實正當的方法來獲致財富，用之於正途，那麼財富本身並不邪惡。財富可以紓難解困，可以供養三寶，可以資助僧團，以及幫助那些需要幫助的人。那些因善心人士資助而受益的人不可貪婪，應把領受的財物僅僅用於修行。施者與受者雙方都應離於執著，把財產視為在夢中獲得的虛幻禮物。從究竟的觀點來看，財富

本身不具有真實的存在，同樣的，你透過佈施所獲得的功德，也不具實體，也不是真實的。但是，它仍然能夠帶領你臻至成佛——成佛的一個面向，即是離於對所有現象的執著。

然而，一旦你被貪欲控制支配，你的雙手就會被貪欲繫縛，你的心就會被貪欲封閉，不但無法佈施，甚至連目睹他人慷慨佈施也會令自己痛苦。這種態度製造了投生餓鬼道的因緣。在餓鬼道的眾生，無時無刻不受饑渴的煎熬。

強烈的執著甚至會使我們落入地獄道，承受劇烈痛苦。在佛陀住世期間，一個擁有一只美麗托缽的比丘過世了。由於這位比丘對托缽具有強烈的執著，因此甚至在遺體被焚化前，就投生為一條毒蛇。這條毒蛇一出生，就盤蜷在托缽內，對所有接近的人發出威嚇的嘶嘶聲。這件事傳到佛陀耳中。佛陀說明了那條蛇的來由。然後，佛陀用真言❸規勸毒蛇棄絕惡念。結果那條毒蛇立時離開托缽，逃入森林。然而，毒蛇的執著與瞋恨仍然十分強烈，以至於火焰從牠口中冒出。牠死了以後，即刻投生炎火地獄。在同一剎那，火葬比丘的柴堆被點燃了。於是，同時有三把火——毒蛇口中之火、地獄之火、火葬柴堆之火——燃燒著。人們替那個不幸的比丘取了一個綽號「燃三」（He who burned three times）。

在早晨供養水供食子❹，於傍晚供養烹煮食物的炊煙，可以紓解餓

鬼道眾生的饑渴巨苦，尤其當我們用大悲心來做這些供養的時候，效果更大。

愛和了無執著是真正的慷慨佈施的基礎。我們應該慷慨大方，盡可能地佈施給那些急需幫助的人。

7

身體只是一個盛裝各種污物的皮囊，

聽瑞的人們啊，

切勿嬌養它，裝扮它。

「我艷冠群芳，」一個美麗女人想著，「我可以誘惑任何我想誘惑之人。」事實上，她動人的身軀不過是一堆血、肉、淋巴、骨骼和排泄物，一點也不漂亮美好！人身如同一只盛裝了排泄物的精緻瓷瓶，一打開它，就令人作嘔。

我們耗費心思來照料身體，用最鮮美多汁的菜餚餵養它，用最時髦的衣飾裝扮它，努力讓它看起來比實際年齡年輕，是多麼的浪費時間。除了墓地，身體沒有其他歸宿。在墓地裡，它將被焚化、被埋葬，或被用來餵養鳥禽。

受到最無用的動機的驅使，我們投入商場，與對手競爭，毫不猶豫地撒謊欺詐每一個人，使我們在追求無用目標的同時，增添了惡業。而且到最後，我們永不饜足。我們的財富不夠鉅大，我們的食物不夠美味，我們的歡愉似乎永遠不夠強烈。

當我們擁有足夠食物來維持生命，擁有足夠衣裝來遮身蔽體時，我們還需要什麼呢？我們的心靈上師有了這些就心滿意足。他們從不貪圖奢華的衣飾或價格高昂的精緻佳餚。他們嘲笑安逸和名聲。

因此，我們平日對身體的關注，幾無功德可言。然而，它卻可以成為修持佛法、價值無可估計的工具。可惜的是，我們只能短時間使用這個工具，直到我們死亡。因此，我們不應只是盡可能地讓它享受歡樂與舒適。我們必須善用它，用它來趨近證悟的境界。

如果你無法停止迷戀身體，那麼你的執著與貪愛只會增加。我們應該把身體視為一個幻象，一個夢中的色身。我們應該只給予身體必要的照料，以維持良好的健康，然後把全副心力用於修行。如此一來，我們有朝一日就會變得跟菩薩一樣。菩薩毫不執著於身體，隨時準備佈施他們的四肢、眼睛，甚至生命來利益他人。

8

家人朋友不比一場魔術表演來得真實，

聽瑞的人們啊，

切勿被自己對親友的喜愛所束縛。

光是看到家人和朋友，就會令我們高興。一旦聽到子女的哭喊，我們就滿心焦慮。這種情緒支配我們的心，讓心偏離正途。在一生當中，我們執著於那些親近我們的人，並為他們的死亡與自己的死亡感到恐懼。有時候，我們或許會想要獨自前往山間閉關，全心修持佛法，然後我們猶豫不決地想著：「誰來照顧我的家人，我的事業，我的田野呢？」於是，我們持續延後修行的決定。即使嚥下最後一口氣，我們的心仍然執迷於摯愛的人，無法平靜安詳地面對死亡，祈願投生淨土。

把周遭世界、所有親近自己的人及所有財物視為一場魔術表演，不具有任何真實的存在，是重新堅定決心的最佳方式。一個魔術師知道，他變化出來的鳥禽和馬匹，是不具任何實體的幻象，因此對它們不起任何執著──但是魔術師仍然可以與它們相處，享受它們的存在。

大多數人過著家庭生活。一個家庭維繫在一起的時間最多只有一輩子，而通常的狀況是，家人相聚的時間往往比一輩子少很多。在這短暫相聚的時間內，我們應該努力維繫彼此之間的完美和諧，同時

盡可能地遵循佛法。讓我們日日夜夜地把心轉向善與慈悲。做一次大禮拜、念誦一篇簡單的祈願文、片刻思維心的本質,都是通往證悟的種子。在今生結為夫婦,成為親子,乃是過去行為與共業的結果。這也是我們應該不惜代價地避免爭吵,和諧共處的原因。

那些能夠放棄家庭生活,轉而投入寺院生活的人應該祈願,一旦你獲得證悟,朋友和親近自己的人將成為你所帶領、通往解脫道的第一批弟子。

9

> 故鄉和土地如同牧民的放牧地，
>
> 聽瑞的人們啊，
>
> 切勿深深執著。

我們稱自己的出生地為故鄉。然而事實上，在六道輪迴之中，沒有一處不是我們的故鄉，因為我們曾在那麼多地方投生那麼多次。如同牧民隨著季節遷移營地，我們每一次投生，就換一個家鄉。執著於某一片土地有什麼意義呢？

IO

六道輪迴中的眾生都曾是照料過你的父母，

聽瑞的人們啊，

切勿對他們生起「我」和「我的」的想法。

我們和一切眾生共享六道輪迴這個故鄉。在無限的過去生世中，每個眾生都曾是你的母親、你的父親、你的朋友或你的敵人。因此在短暫有限的今生中，去分別你喜愛的朋友和你想要擺脫的敵人是毫無意義的。對於朋友、敵人死板狹窄的見解，加深了執著與瞋恨，遮蔽了你的心。

我們緊抓著「我」及「我的」概念不放，並盲從因這些概念而生起的喜愛與嫌惡的情緒，使我們累積了惡業。讓我們停止這種作為！

11

你出生那天，死亡便開始接近

聽瑞的人們啊，

切記，沒有任何時間是可以揮霍浪費的。

嬰兒的誕生乃天下一大樂事。然而，沒有任何事物能夠阻擋嬰兒逐步邁向死亡的過程。在他的一生當中，無論他選擇什麼樣的人生方向，沒有任何事物能夠讓他免於一死。俗話說：「太陽漸行漸遠，西山之陰影則漸行漸近。生命愈是開展，死亡愈是逼近。」

當嬰兒成長為青少年，他仍然認為自己來日方長。這真是大錯特錯！不斷地把事情延後再做是愚蠢無知的。死亡可以在任何時刻降臨。每一次呼吸，就更加趨近死亡一步，如同一隻被領進屠宰場的動物，每走一步，就離死亡愈近。

今生只有一次；來生則無可計數。切勿犧牲無數的來世，來追求今生虛幻的安樂。如果我們日復一日地忽視佛法的修持，在死亡的時刻，我們將懊悔萬分，而且為時已晚。一個垂死之人能夠開始修行嗎？當下即是獻身於修行的時機。在死亡的時刻，修行的覺受是唯一能夠幫助我們的事物。

12

　　從根本而言，沒有所謂的迷妄，它的生起只是暫時的，

　　聽瑞的人們啊，

　　檢視造成迷妄生起的原因的本質。

無論你多麼努力地擦洗黑炭，都無法把它洗成白炭。我們可以想像無明是自性的一部分，如同黑色是煤炭的一部分。果真如此，無明和迷妄就無法被根除。事實上，無明和迷妄不具有任何真實的存在，它們無法改變我們本俱的自性——佛性。佛性如黃金般純然且不受改變。無明至多可以暫時遮蔽佛性，但佛性本質卻不會改變。

在某些因緣之下，無明暫時形成，一如天空的雲朵，暫時遮蔽了太陽的燦爛光輝。但是當我們飛向雲朵，進入雲朵之時，卻無法觸摸到雲朵。在這之前，雲朵不存在，最後也將消逝在稀薄的空氣中。至於太陽，則從未改變，完全沒有受到雲朵的影響。

無明製造的障蔽是偶然生起的，是短暫的，是無可執取的。它們無法改變或影響我們的本然自性，也不是本然自性的一部分。無明，一切迷妄之根源，誘惑眾生進入輪迴。然而，無論無明看似多麼堅實，它也從來不具有一絲一毫的實相。既然無明從未生起，那麼它也無法存在，更別說去止滅它的存在。一旦對於空性的了悟去除了無明的障蔽，成佛之自然本質將顯現。一旦風吹散了雲朵，從未停止照耀的太陽將顯露出來。

13

心無旁騖地專注於修持殊勝的佛法，

聽瑞的人們啊，

它將在死亡之後引導你。

正盛之青春年華賜予我們健康和力量，熱切地想要享受人生。我們懷著不滅的熱忱，竭盡所能地來增加財富與權勢。對一些人來說，達成自己的目標，同時意味著要損害他人的利益。然而在死亡的時刻，我們將了悟，所有佔據我們心神的事物，是多麼虛榮無益。唉，但是到了那個時候，要回頭已經太遲了。

至美的事物從未能夠誘惑死亡，至鉅的財富無法賄賂它，至大的力量或權勢無法迫使死亡等待片刻。一國之君也必須遵從它的召喚。它將卸除將軍的武裝，即使他擁有一個威力強大的軍械庫。在死亡的時刻，我們在一生中所獲得的靈修覺受，是唯一的助力。

趕快！讓我們在老邁奪走體能與智力之前修行。讓我們背棄凡俗生活的迷惑與幼稚散亂，全心修持佛法。那麼在死亡時，就會如無與倫比的岡波巴大師所說的：「最好的情況是，我們將了悟究竟本質，即法身。中等的情況是，我們肯定將投生淨土，充滿喜樂，如同孩子回歸家園。最差的情況是，我們將了無悔恨，因為我們已遇見上師，並如實地修持他們給予的法教。」讓我們從此時此刻開始準備，在死亡的時刻，我們所領受的法教將能夠派上用場。

14

因果業報的真理必然使行為結出果實，

聽瑞的人們啊，

避免所有負面與邪惡的行為。

假若死亡只是意味著，我們將如水被乾涸的地面吸收，或如熄滅之火焰般消失，那麼我們可以不去在意死亡。然而，情況並非如此。死亡之時，我們捨棄了肉身，卻保留了心識；這個心識在死亡與投生之間的過渡狀態中——稱為中陰❺——遊走。

在中陰狀態下，我們沒有有形的身體，無法如常地使用五種感官。我們被迫脫離父母和朋友的陪伴，如同一根從一團奶油中抽出的毛髮❻。儘管如此，有一件事物卻如影隨形：我們過去的所作所為。如果惡行較多，我們將無法逃脫輪迴下三道的痛苦。相反地，如果善行較多，我們將投生上三道，繼續朝解脫邁進。當我們的心在中陰多變的體驗裡遊走的時候，我們既無法選擇去做有利於自己的事，也無法從從容容地去決定要走哪一個方向。我們沒有出路。如同風中的羽毛，我們受到自身業力的迫使，被死亡的士兵拖著走。我們沒有暫時喘息的片刻，好讓自己振作起來。我們無法隨意停留或離去。我們的心神被拋過來丟過去，不聽我們使喚。

要了解並相信因果法則主宰宇宙和一切眾生，這一點是重要的。密勒日巴尊者說，如果他能夠全心奉獻於佛法，並在一個生世中獲得

證悟，乃是他確信業之法則的緣故。每一個行為無可避免地都會有一個結果。我們行善或行惡的痕跡，留存於心識的下層。要消除惡行的痕跡只有兩個方法：一是經受惡業所帶來的自然後果——痛苦，二是在可怕的業果出現之前，用適當的對治解藥來清淨惡業。

當上師告訴我們，所有的善行和惡行具有不可避免的後果的時候，我們聽得清楚明白，但不是真正相信他的話。如果我們真的相信，我們就不敢犯下最微小的惡行，反而會大大地著重於從事所有的善行，即使是最微不足道的善行。難道一個人會去管金塊有多小而不珍視它嗎？

15

把所有事務留在身後，猶如南柯一夢，

聽瑞的人們啊，

只要把「無為」付諸實修。

凡俗人生的各種事務如同海浪般一個接著一個而來。富者永遠覺得擁有的金錢不夠，權者永遠覺得擁有的權勢不足。思惟以下的話語：滿足我們所有慾望，圓滿我們所有計劃的最佳方式，就是放棄它們。

一個證悟者把凡夫俗子熱衷的事務視若夢境，如同一個老人觀看孩童嬉戲般看待它們。昨晚，你或許夢見自己是一個偉大的國王，但是當你清醒之後，留下了什麼？你在清醒時所體驗的事物，幾乎不比夢境真實。與其去追求難以捉摸的夢，你應該讓自己的心安住於寧靜無擾的禪思，離於煩亂散漫，直到對空性的了悟成為你的覺受不可或缺的一部分。

16

放下凡是你所執著的事物,

聽瑞的人們啊,

沒有任何一件事物是你需要的。

想一想任何一個讓你強烈執著的人、物品或情況,並試著去檢試你所深深執著的美好事物、權力或財富。徹頭徹尾地檢視它們每一個。它們看起來不像是幻象嗎?當你用這種方式來看待事物的時候,你的執著減少了,不再有相同的、急需去擁有的感覺。如果你有「我不需要任何東西!」的態度,你的心境將自然而然地感到寧靜自由。

另一方面,如果你在活著與死亡的時候,都處於強烈執著的狀態下,那麼你的今生與來生都將充滿痛苦折磨。在死時,強烈執著於身後物的人,將變成一個受貪欲折磨的餓鬼。

過去的偉大聖哲與行者只要有維生所必需的最少量食物,以及足以避寒的衣物,就感到心滿意足。然而,他們是最富有的人,因為真正的財富屬於那些知道如何滿足於現狀的人。偉大的噶當派禪修者噶拉・貢秋(Karak Gomchung)住在西藏的一處洞穴中。每次他進出洞穴的時候,身上穿的袍子都會被洞口的山楂叢妨礙到。他常常考慮砍掉山楂叢,但每每如此,他心中立刻就會生起死亡的念頭。他想:「誰曉得我什麼時候會死呢?把去除這株長刺的樹叢所花的

時間用來禪修比較好。」藉由禪定的力量，噶拉・貢秋能夠飛行，示顯各種神蹟。他圓寂時，那個山楂叢仍在原地。

假若如此偉大的行者都無法忍受去浪費片刻的時間，那麼在修行道上仍有如此多的事情需要完成的我們，怎能把人生絕大部分的時間耗費在俗務之上？

17

既然你不會永遠留在這個世間，

聽瑞的人們啊，

那麼現在就開始準備你的旅程。

在我們之中，誰沒有想過去建造一幢堅固牢靠的房子，可以讓我們住在裡面數十年，並在我們離開世間之後，還能維持數個世紀？誰不曾夢想致富，在餘生免於所有的憂慮？是「永恆的惡魔」誆騙了我們，讓我們相信事物能夠持久。

相信任何人事物永遠屬於我們，註定會令我們失望。這是多麼悲慘的景象啊，目睹人們在死亡時，心思完全被所愛之人與所留下的身後物佔據，遺言除了一連串的執著之外無他，完全無視於等待在他們前面的命運——如果他們完全忽略任何具有真實意義的事物，那麼他們所要面對的命運，很可能是充滿痛苦折磨的。相反的，聖哲與真正的行者不認為自己擁有任何事物，甚至連自己的身體也是如此，更別說財物或住所。聽到這樣的事蹟或遇見這樣的聖哲或行者，是多麼令人有所啟發啊！他們視財物為暫時借來的虛幻之物。

我們要經歷很長一段旅程去通過六道輪迴。如同一名小心翼翼準備旅程、展開環遊世界的水手，我們應該親近佛法，為自己面對一段甚至更長、通過死亡與再生的旅程做好準備。

18

如果你要先去完成你必須做的事，

你將永遠不會接近佛法；

聽瑞的人們啊，

當你想到佛法的時候，立刻起而修行。

俗務如同湖面的波紋，是永無止境的。你或許認為，在接下來十年或二十年，你能夠把計劃做出結果，之後你將可以安心自在地修持佛法。如果你有這種想法，那麼可以確定的是，你正在忽略生命的脆弱。難道你不曾目睹人們在最出乎意料的方式下英年早逝？認為這種事情不會發生在你的身上，是不理智的假設。

當心中生起修持佛法的念頭時，不要猶豫躊躇。切勿把修持佛法這件事拖延到明天。當下即是適當的時機。農人不會等到冰霜使地面變硬才開始播種。他會趁著土壤溫暖濕潤的時候播種。一旦你遇見了具德的上師，領受了他的教導，你就已經準備就緒，可以開始走上覺悟之道。

19

在森林內部，猴子可能快樂安適地活著，

聽瑞的人們啊，

但森林外圍的火焰正在逼近。

在森林深處的中心，猴子愜意地在樹枝之間跳躍嬉戲，享受美味的果實。牠們不知道自己被火焰包圍，很快就會被活生生地燒死。同樣的，驕者、權者、富者自得其樂，彷彿不知道死亡將突襲而來，置他們於死地。思量在死亡的剎那，什麼是真正有價值有意義的，並遵循證悟之道。這是你善用人生的唯一聰明的方式。

20

生、老、病、死是一條沒有橋樑或淺灘的河流，

聽瑞的人們啊，

把船準備好了嗎？

生、老、病、死是人類的四大痛苦。出生是生命的門檻，也是痛苦的門檻。很快地，老邁將改變我們的健康狀況，使感官衰退，牙齒脫落，頭髮灰白。失去記憶力將使我們脾氣壞，難以相處，而且沒有人想要聽性情乖戾的老人說話。焦慮絕不會停止折磨我們。我們的財務會出什麼狀況？我們擔憂，我們的子女將如何地棄這些財務於不顧。疾病也將帶來苦惱折磨的重擔。我們因苦楚而憔悴癱瘓，最後必須面對死亡的極度痛苦。

這四大苦形成一條狂暴河流，我們所有人都必須越過。我們現在就準備一條可以帶我們渡至河之彼岸的船隻，不是比較好嗎？

21

在生、死與中陰的狹道上，

盜匪——五毒——等著突襲你，

聽瑞的人們啊，

把上師當做你的護衛。

通過一個盜匪出沒的地區，是一個充滿危險的可怕經驗。同樣的，在修行道上行走時，也必須經過難行而危險的狹道；任何一個展開艱鉅的證悟旅程的人，都必須預期自己可能會遭遇一些難以克服的巨大障礙，尤其是貪、瞋、癡、慢、疑五種障礙。你或許能夠避開「貪」的襲擊，但是你會發現，「瞋」已在下一個十字路口伺機而動，準備要制伏你。即使你逃離「瞋」的等待，你也會輕易地就落入「慢」和「疑」的魔爪之中。這五種有毒的情緒是冷酷無情的盜匪，總會摧毀我們達成目標——自輪迴中解脫——的任何機會，不會猶豫片刻。在這種情況下，你需要一個完全值得信賴的護衛來帶領你通過重重危險。那個護衛就是你的上師。唯有他的指引，你才會安然無恙地抵達目的地。

由於其中有太多的風險，因此你要先選擇一位真正具德的上師來做為開始。一旦你對上師建立了信心，你就必須遵從他的建議。最後，你應該學習如何把上師的建議付諸實行。如果你能夠正確地進行這三個階段，你將進步神速，沒有障礙。由於上師的慈悲和智慧，佛法的全貌得以在你面前陳展，如同在市場上拍賣的昂貴食

品。錯失這個機會，不是愚蠢嗎？

如果你信任一位真正的上師，當你年邁的時候，就有一個可以運用
的修行法門；當你生病的時候，就有另一個修行法門；當你面臨死
亡門檻的時候，還有另一個修行法門。你將準備就緒，懷著堅定的
信心面對生與死。

22

上師是永遠可靠的皈依對象，

聽瑞的人們啊，

時時觀想上師在你的頭頂之上。

無論在什麼情況下，慈悲的上師永遠不會背棄你。如果你信任他，他將帶領我們直至證悟。你的信心愈堅定強烈，你的修行將愈快速地開展。如果你真的能夠把上師視為佛陀現前，你在修道上的進展將非常迅速。

你應該如何依止一位上師？用你的身、語、意來供養上師，比物質的供養更重要。然而最重要的是，你必須非常努力地把上師授予的法教付諸實修，來回報他的仁慈。

你如何開始走上修行的道路？首先，你必須從上師那裡領受法教，接著確定你了解法教的意義，最後把法教融合成為自己的一部分。

你應該如何把上師的教導付諸實修？你應該像一頭饑餓的犛牛，當牠吃著一簇青草的時候，眼睛已盯著另一簇青草。你應該充滿喜悅，熱切地修行，絕不落入懶散或漠不關心。尤其絕對不要認為：「這樣已經夠了。」人們在做了幾千個大禮拜，念了幾萬遍咒語之後，開始感到驕傲，同時又毫不猶豫地殺害昆蟲，縱容他們所有的妄念，不在乎自己犯下的惡行，即使這些惡行相當大相當多。這是

一個大錯誤。這是為什麼我們需要一個上師的指引，正如一個嬰兒需要父母的保護。

試著把你所有的經驗和覺受融入對上師的虔敬心之中。如果你能夠領會這個修行的重點，將不會有障礙。如果你的境遇順遂愉悅，那麼把你的安樂視為上師的加持，不要執著於它，視它為一場迷夢，一個幻象。如果你遭受困難和痛苦，也把它視為上師的加持。如果你生病了，那麼觀想上師位於病痛發生之處。要認清，這個病痛提供你一個機會，去清淨你在過去所造之惡業和無明——痛苦的根源。把許多其他如你這般受苦的眾生放在心中，並祈願你的痛苦承納了他們的痛苦，願他們從一切痛苦中解脫。如此一來，疾病便能教導我們慈悲。

23

> 如果上師是你的依怙，你將到達任何你想要到達之處，
>
> 聽瑞的人們啊，
>
> 對上師生起虔敬心，做為踏上道途的盤纏。

上師如同地面，從不離開我們履踏的雙足。上師帶領我們通往證悟，從不令我們失望。受了大氣的撐托，飛機可以迅速地把我們帶到步行無法企及之處。藉由虔誠心的支持，上師的加持能夠很快地帶我們走向證悟。

「法」（Dharma）這個字的其中一個意義是「承托物」。它支持、引導那些懷抱信心、一心向法之人。一個被水勢湍急的河流沖走的人，可以被一隻強健結實的手拖拉上岸。同樣的，只要我們向上師出示信心之環，那麼上師的鉤子便能夠把我們從生死輪迴中拖出。

從聲聞乘上至大圓滿，無論是在佛法的哪一個階段，沒有一個弟子能夠在缺乏真正上師的引導下修持。仰賴一個具德的上師，是在修行道上有所進展，避開所有潛在障礙和誤入歧途的最佳方式。因此，虔誠心是我們踏上證悟旅程必須支付的費用——為了抵達目的地，這是我們必須自行提供的「盤纏」。

24

那些富裕之人也會吝嗇貪婪，

聽瑞的人們啊，

慷慨地施予，不要有所分別。

俗話說：「愈富者，愈吝嗇貪婪。」這句話常常是真的。貪慾讓你
不快樂。它使你投生成為餓鬼。與其積聚無用的財富，倒不如把財
富運用於有益之途。慷慨地對待窮困之人，建造佛塔，供養三寶。
你愈是慷慨寬厚，你就愈昌盛繁榮。

我們應該沒有分別地慷慨對待所有的人——窮者、病者、老者、來
自遠方的旅人——不要因為對方是朋友或陌生人、我們有求於對方
或無求於對方而有所分別。在佈施時，不要炫耀招搖，不要有所偏
袒，也不要期待獲得任何回報。

25

擁有權勢的人也會行事邪惡，

聽瑞的人們啊，

揚棄追求地位與權勢的所有慾望。

國家領袖為了建立權威而從事許多惡行，並且也要為以他們的名義所犯下的罪行擔負起責任。他們將面臨行為所帶來的後果。軍隊領袖最終將嘗到因其命令所造成士兵陣亡的業果。

建立在如此多罪行上的權勢，究竟有什麼利益？何必汲汲追求權勢、財富、升遷和社會地位等不長久、只會招致痛苦的事物？「覺悟的狀態」是一個我們永遠不會從其上落下的地位。

26

那些擁有地位和財富的人永不安樂，

聽瑞的人們啊，

（擁有地位和財富的人）準備痛苦地搥胸頓足吧。

沒有人會比一個認為金錢萬能的人更焦慮不安。「我要如何創造財富？一旦創造了財富，我要如何持守財富？」他生活在擔憂被偷、競爭和面臨災禍的恐懼之中。當他最後失去了財富，他覺得自己身上的肉彷彿被切下來一般。

看看一些人是如何為了事業而日夜勞碌奔波。他們為了追求成功和避免失敗，把自己弄得精疲力竭。他們對每一個人心存猜疑，並企圖從地位低於自己的人身上謀取利益，勝過地位均等的人，驅逐地位高於自己的人。他們很難享有片刻遠離憂慮和煩惱的平靜。

沒有權勢、沒有社會地位、沒有可以失去的事物，以及沒有可以恐懼的事物，是多麼純粹的喜樂！

不要讓你的心被無益的念頭拖累。緬懷過去和未雨綢繆有什麼好處？安住在當下的離戲（simplicity）狀態中。與佛法和諧共處。讓佛法成為你的生活和經驗的核心。做你的命運的主人。

27

在下一個世界中，既沒有家人，也沒有朋友，

聽瑞的人們啊，

把信心寄託於佛法之上。

當我們被一個小刺刺傷的時候，我們哭喊疼痛；當我們碰觸到冰寒之水的時候，我們冷得發顫。然而，我們如此珍愛的身體，很快就會變成一具沒有任何感覺的死屍。被焚化，被埋葬，被犬隻吞噬，或被禿鷹撕裂，是它唯一的命運。當我們離開這個世界的時候，父母、子女、朋友、僕從、房屋和財富都無法隨行。業力之風把我們帶走，如同吹動一根羽毛。我們將前往何處？我們將停留何處？我們再也沒有任何選擇。

誰能夠幫助我們？我們只能充滿信心地仰賴上師、三寶，以及終身修持的佛法，向他們尋求協助。因為只有他們擁有力量，能夠把我們從介於死亡和投生之間的中陰階段的痛苦和恐怖中救度出來，引導我們前往淨土。

修持佛法之初，困難重重，但最後卻能夠獲得至極大樂。這和從事俗務有天壤之別；從事俗務皆以喜樂為始，以痛苦煩憂和理想破滅為終。

密勒日巴尊者曾經忍受什麼樣的磨練和嚴苛考驗！然而，正是透過

這些磨練和嚴苛考驗，密勒日巴證得了「金剛持」（Vajradhara）的不變果位——無別的清淨大樂（the pure bliss of non-duality）。他獨自居住在僻靜洞穴之中，但他的光耀卻遍及世界。他也必須跨越死亡的門檻，但是此刻，他端坐在淨喜淨土（the Land of Pure Joy）的壇城中央。這和驕慢的世人有多麼的不同啊！當一個國家領袖或百萬富豪過世的時候，人們會說：「某某人死了。」如此而已，不比一根蠟燭燒盡，一潭水蒸發重要。

「佛法」這個字也意味著去修補或去矯正；去糾正所有的缺點，去發展所有完美無暇的功德。除此之外，我們如何能夠獲得自由？從修持佛法中所獲得的功德將留存下來，成為來世的心靈資糧。

28

如果你漫無目的，你將浪費人身之暇滿，

聽瑞的人們啊，

此時此刻立定決心。

我們的心瞬息萬變；它唯一不變的是對世俗誘惑的強烈執著。在我們學會控制念頭，在我們的心獲得真正的定力之前，我們的信心一定會猶豫不定，並且容易為了沒有意義的活動而分心，浪費生命和修持佛法的珍貴機會。把修持佛法這件事拖延到明天，等於是在持續拖延，直到死亡來臨為止。

受到信心的驅使，獵人奇惹瓦・貢波・多傑（Chirawa Gonpo Dorje）告訴密勒日巴尊者：「我決定開始修持佛法，但我必須先回家向家人告別。之後，我將立即返回。」

密勒日巴尊者打斷獵人的話說：「現在就下定決心。倘若你回家，你的家人會費盡心機要你改變心意，你就不會回來了。如果你想要專心修持佛法，那麼就要即時即行。」獵人照做了，後來成為密勒日巴尊者最具證量的弟子之一。

切勿落入猶豫不定（掉舉）的陷阱！投入全副的心力，專心一意地修行，不受任何其他想法的干擾。

29

死神將在你心思散漫的時候擄獲你，

聽瑞的人們啊，

從當下開始修行。

你的田地需要耕種，或你的事業需要關注，或者尋找一個適當的伴侶是你的主要考量——我只能猜想你把時間花在哪些事情上。但是你要記住，你愈是把人生浪費在這些事務之上，就愈可能讓死亡把你留給修行、所剩無幾的時間奪走。不要讓俗務的包袱使你偏離追求佛法的道路。如果有一天，你生起修行的念頭，那麼就從那一天開始修行。如果有一天晚上，你生起修行的念頭，那麼就從那個晚上開始修行。無論在何時何地生起修行的念頭，就在當時當地開始修行。

30

死神將在何時現身？我們無法得知，

聰瑞的人們啊，

你要時時刻刻提高警覺。

死亡如同閃電，毫無預警地襲擊，沒有任何轉圜的餘地。

你或許身強體健，和朋友一起品嘗美饌佳餚，或凝視壯麗宏偉的景致。然而就在那個時刻，死亡可能近在咫尺。當死亡來臨時，那些親近你的人將被留在身後，你的對話將被中斷，留下尚未用盡的食物，以及未完成的計畫。

人們突然死亡、遭受意外、被人謀殺、因食用不潔的食物或錯誤的藥物而中毒死亡、在遊戲或運動時受傷，或死於戰爭，這些事情不是常常發生嗎？死亡的威脅總是伺機而動。你應該如同一個旅人行經盜匪出沒的國家，時時刻刻提高警覺。一個遭受暗殺威脅的政治領袖絕不會鬆懈警戒。他避免接連兩個晚上在同一個地方過夜，總是覺察死亡的逼近。讓我們時時刻刻保持這樣的警覺。每天晚上就寢的時候，要如此思惟：「早晨來臨的時候，人們會不會在我的床上發現一具屍體？」

31

你死亡的那一天，沒有人能夠護衛你，

聰瑞的人們啊，

你要做好仰賴自己的準備。

當你跨入死亡門檻的時候，圍繞在你身旁的親友幾乎無法提供任何援助，也無法陪伴在你身旁。甚至連最富有的權貴也無法帶走一絲一毫的財富。最有權勢的將軍也無法命令軍隊阻擋死亡的來臨。他必須像其他的每一個人一樣，屈服於死亡。

你的心識將離開身體，在中陰徘徊遊蕩。在中陰，你將發現自己獨自帶著虛幻的意生身（mental body）處於幽暗之中，迷失絕望，完全不知所措，又不知道何去何從。那時，折磨大多數眾生的可怖幻覺令人毛骨悚然，其可怕的程度筆墨難以形容。雖然這些幻覺只不過是你的心的投射，但在那個時候，它們卻是強而有力的事實。

在那個時候，你透過修持佛法所獲得的覺受，是唯一可能的慰藉來源。這是為什麼，在此時此刻就要開始努力修行是如此重要。即使在太平時期，一個國家都要替未來可能發生的侵略未雨綢繆，做好因應的準備。同樣的，你也必須時時刻刻保持警覺，用修持佛法的方式來準備面對死亡。佛法如同永恆的豐收，能夠為你的來世提供食糧，並且是你未來安樂的基礎。

32

如果你觀照死亡，你將發現你不需要任何事物，

聽瑞的人們啊，

把死亡時時刻刻記在心頭。

一旦你把諸法無常、生命極端脆弱和死亡威脅無處不在的信念根植於心，你就不會嚮往尋常的人生慾望。除了希望能夠在隱僻之處修持佛法，你將一無所求。讓我們看一看密勒日巴尊者。他僅僅以蕁麻為食，以棉布披巾為衣，卻在一個生世之中，證得持明上師（Awareness Holder）的無上果位。

但是如果你缺乏遠見，沒有深刻地去思惟死亡和無常，那麼你將難以停止去追求人生中無益的事物。慾望總是多過需求的串習將持續下去。即使你擁有足夠的食物，你將仍然想要去品嘗更美味可口的佳餚。即使你擁有足夠的衣物和適當的住所，你將一直想要獲得更時髦的服裝，以及一幢更大、更舒適的房屋。雖然你已擁有一個伴侶或愛人，你將不斷想要尋找一個更好的伴侶或情人。

這些都是你總是忘卻死亡有多麼逼近的徵兆。如果你沒有盲目地相信，你還會在世界上活很長一段時間，那麼你為什麼還把全副心力投注在規劃未來之上？

過去偉大的修行者把自己形容為「無常之念根植於心的瑜伽士」。

他們清楚了悟追求俗務的徒勞無益。他們的心完全轉向佛法。由於他們受到死亡念頭的激發，因此他們的佛法是以儉約生活為基礎。他們也知道，他們將在一個荒蕪的洞穴中面對死亡。當然，所有這些偉大的修行者如今都已故去，因為死亡是一切眾生的命運。然而，他們如今身處淨土，不再投生輪迴；而所有那些追求今生歡悅的人，則深陷無盡的輪迴苦海之中。

如此深奧的遠見能夠深植於心，乃是時時全心觀照死亡的結果。對死亡的全心觀照，是一種如甘露般的良藥，能夠使你恢復健康，也是一個監督你修行的哨兵，絕不會讓修行的戒律偏離正軌。

33

如同隨著夕陽漸漸西下而拉長的陰影，死神毫不留情地逼近，

聽瑞的人們啊，

趕快！遠離死亡！。

在黃昏日落的時候，拉長的西山陰影不斷逼近，直到把我們吞沒在朦朧中為止。當我們的生命之陽落下的時候，死亡的陰影也將如此地把我們吞沒。然而其中一個重要的差異是：死亡不會在一個可預期的時間或地點降臨。從出生的那一刻起，我們的生命就無可避免地邁向死亡，但遭遇死亡的時間卻是無法確定的。

一個被通緝追捕的罪犯從來沒有片刻寧靜。他時時刻刻保持警戒，急切地策劃成千上萬個謀略，來逃避等待在前的處罰。你不會看到他為未來居住的房舍構思規劃。

當死亡的威脅隨時都會降臨的時候，你如何能夠高枕無憂？從現在開始，修持佛法必當是你唯一的依靠。除了佛法，沒有其他方法可以把死亡化為順緣。

34

早晨迷人的花朵，到了夜幕低垂時就會凋萎，

聽瑞的人們啊，

不要把希望寄託在你的肉體之上。

繽紛多彩的花朵在夏日微風中搖曳，但經過冬天的暴風雪或一陣冰雹之後，這些花朵還會存在嗎？在秋天，森林的顏色從青綠轉為金黃；在冬天，樹木的枝頭一片陰鬱黑暗，了無生氣。我們的身體也日漸老化衰退。對此，我們無能為力。我們愈把心思放在身體老化之上，就越愈到焦慮不安。讓我們少去煩惱身體的外貌，多多把心思放在如何不要浪費生命。讓我們修持佛法。我們愈是精進地修持佛法，就越感到心滿意足。

35

即使它們活著的時候，有如天之驕子，

死時卻比惡魔還可怕，

聽瑞的人們啊，

你們已被這個虛幻的身體愚弄。

現在你或許以你的身體為傲，珍愛你的身體，並悉心照料。你的親友都面露微笑，充滿深情地執著你的手，溫柔地對你說話。然而，當你死亡之後，一切都將變得非常不同。你親愛的家人將急著把你的屍體送出家門。誰會想要在家裡放著一具屍體？如果你在西藏，你的身體將被繩索捆綁，放進一只粗布袋中，送到墓地，被人分割肢解，被禿鷹撕咬成碎片。

你應該如何善用身體？大多數人都不知道如何善用身體。一個向人借用工具的工匠，會趁工具還在身邊時物盡其用。事實上，你的身體也是向死神暫時借來的——在死神收回之前，你只能短暫擁有。趁你還能使用這個身體之前，你有沒有好好善用它來修持佛法？

36

前來市集的人們，完成交易之後就會消散，

聽瑞的人們啊，

無疑地，你的朋友也將離你而去。

人群聚集的宴會通常是一個喜悅的場合。人們在許多朋友的陪伴下歡笑、跳舞、談話，品嚐美食佳餚。但是天底下沒有不散的筵席，很快的，每一個參加筵席的人都會消散。一個熙來攘往的市集，一旦到了傍晚就杳無人跡。一個家庭團聚的時候，家庭成員或許都感到快樂，但所有的家庭成員必定都會一個接一個地獨自步入死亡的門檻。

37

　　這個由魔術變化出來的稻草人註定會破敗不堪，

　　聽瑞的人們啊，

　　此刻即按因果法則來行事。

農人在田地豎立、用來嚇退鳥隻和野生動物的稻草人，或許只能維持一個季節。風雨很快就會把稻草人吹蝕毀損。同樣的，因為各種因緣聚合而短暫連結的身體和心識，遲早都會崩解。

當身體和心識到達最後的崩解階段時，它們會受到疾病和衰老的折磨和毀壞。到了那個時候，無論你如何真切地悔恨沒有及早開始修行，你已沒有閒暇，也沒有力氣來修持佛法。正是此刻，正是當下，當你具足所有順緣的時候，應該用全副的心力來修行。小販不是在市集那一天，卯足全力來展售貨品嗎？

光是計畫去研習佛法，既不會為你帶來知識，也不會使你獲得智慧。如果你持續把聞、思、修佛法的時間延後，那麼當你的體力和智力衰退時，你將無法進行任何聞、思、修。能夠引導你的上師將離開人世，你將錯失修持佛法的良機。

我們大多數人常常追隨過去所造惡業帶來的負面習氣。而引導一個人親近佛法的正面習氣，是少數人全心從事善行所獲得的殊榮。一旦修持佛法的順緣出現了，我們應該像正值收割期的農夫一樣努力

精進。他們從黎明一直工作到黃昏，知道任何延遲都會造成收成作物的損失。

人們費盡心力去完成世俗的目標。如一句諺語所說：「他們頭戴星帽，腳踏霜鞋。」他們深夜仍然在外奔波，黎明又再度動身。你難道不應該把千倍精力用於追求證悟這個最重要的目標之上？

38

可以肯定的，心靈之鷹有朝一日終將飛離，

聽瑞的人們啊，

當下即是準備振翅高飛的時機。

禿鷹在飽餐一頓之後，即拋下殘骸，振翅高飛。同樣的，當時機來臨，享盡今生的心識將拋下你的肉身，飛進中陰。為了要超越輪迴和涅槃，我們將需要空性和慈悲這兩片羽翼。從現在開始，讓我們使用這兩片羽翼，無畏無懼地飛入來世的天空。

39

六道眾生都曾如父母般愛護你，

聽瑞的人們啊，

對他們生起愛與慈悲。

眾生的數目如虛空般無邊無際。然而我們總是認為，我們只和少數眾生有所關聯。無論居住在什麼地方，我們總是喜愛一些人，厭惡一些人，不在乎其餘的人。這種對其他眾生存有的偏頗和有限的見解，持續使我們生起執著和瞋恨，因而積聚了身陷輪迴的業。

如果我們能一瞥過去無盡的生生世世，我們將了解到，在這個世界上，沒有一個眾生不曾是我們的母親或父親，而且不只是一次，他們曾是我們許多生世的父母。為了回報他們的愛與大慈，我們應該像證悟者一般，對所有眾生生起愛與慈悲。最重要的是，我們應該從內心深處生起帶領一切眾生證悟成佛的願望，不遺棄任何一個眾生。發起這個誓願所累積的功德，和這個誓願所涵蓋的眾生數量成正比。因此希望救度無數眾生的願望，將能產生無量功德。

擁有一顆善良的心，是達成這個願望的基礎。如同佛陀對波斯匿王（King Prasanjit）所說的：「喔，偉大的國王，你的事業是如此的廣大無量。無論你是在行、住、坐、臥，願你所有的行為、法規和判斷都受到善心的啟發。如此一來，你將為你的臣民帶來無限的利益，並為自己累積無量功德。」

「心地善良」是什麼？深情地照料今生的父母，肯定是心地善良的證明。然而，父母只不過是無量眾生裡面的兩個眾生。真正的心地善良是把所有眾生——不只是我們的朋友，也包括敵人和陌生人——當做我們的父母，並去除所有的瞋恨、自私和冷漠。

去想一個你最敵視的人，並視他為你心中最親愛的人。如果你對某一個親近的人生起貪愛之心，那麼把他視為一個夢中遇到的人，一個缺乏任何真實存在的幻象。

心地善良必須以實際地利益他人來展現。然而，什麼是利益他人？毫無疑問的，佈施食物、衣服、住所和情感是心地善良的表現，但這種仁慈仍然有限。我們應該努力用一種無限的方法來利益眾生，而佛法則是唯一的途徑。

我們應該用各種方式來幫助眾生，用直接和間接的方式，用行動和祈願來幫助眾生。舉例來說，我們可以在蟻塚、養魚塘或鳥禽養殖場念誦諸佛菩薩的名號，心中生起慈悲，並祈願：「願這些動物不再投生輪迴惡趣之中。」諸如此類能夠真正利益眾生的行為有很多很多。當你持續受到利益眾生的動機的激勵，菩提心——為了利益一切眾生而獲得證悟的願望——將在你心中漸漸開展。

我們不能用表象來評判行為。行為的價值取決於內在的態度。驚人

的利他行為可能出自於自我本位的動機——例如期望被人感謝，在來世享受業果——完全和心地善良無關。如此的動機貶損了行為的功德。記住，誓願帶領一切眾生解脫的愛與慈悲，乃大乘之正道。

菩提心有兩個層面：究竟菩提心和相對菩提心。究竟菩提心是了悟空性；它將隨著時間慢慢地在心中成熟。相對菩提心則是根植於愛與慈悲的利他想法和利他行為。深刻地修持相對菩提心一段長時間之後，這種修持將自然而然地轉化你的心，直到你了悟究竟菩提心的曙光顯現。

徹底了悟空性的菩薩成佛之後，他展現的悲心不會再含有凡俗的、造作的念頭。他不會想：「這個眾生向我祈求，我必須幫助他。」或「這個眾生沒有祈願。」他的慈悲和空性是無所不在且含攝一切的。如此這般的慈悲是離於偏愛分別、執著或瞋恨的。它如同太陽，平等地映照在每一個水面之上，無論水面大或小，清澈或混濁。慈悲是空性自然而然散發出來的光輝，離於概念，超越形述。

這是佛陀利益眾生的事業能夠如此無邊無際的原因。如果你了解這一點，你將明白，即便是吹拂一個發燒病人臉龐的涼爽微風，也都是諸佛的加持和慈悲。

40

對敵人生起的瞋恨，是由業行所造成的輪迴幻覺，

聽瑞的人們啊，

轉化你充滿瞋恨和敵意的心。

當我們承受莫須有的罪名，如同西藏人承受中國人加諸於其上的錯誤行為，必然是我們在前幾世對其他人所造作之錯誤行為所導致的結果。如果我們以更多的暴力來制暴，只會製造更多痛苦。

如果某個人偷盜你的重要物品，你不應該感到煩惱或沮喪，也不應該感到憤怒或懊悔。你不應該挾怨報復。在你的心中，把被盜取的物品供養給小偷，並祈願你的寬容忍耐，可以清淨你過去生世的所有過錯。愛是針對仇恨唯一恰當且正確的回應。

有一個關於佛陀前世的故事，顯示了忍辱如何能夠臻至圓滿的境地。有一天，一個國王偕同王妃和廷臣在森林漫步。當他發現，王妃們趁他在樹蔭下打盹之際，繼續在附近漫遊閒晃，並來到附近一塊空地，圍坐在一個聖者腳邊的時候，國王怒火中燃燒。這個獨居的隱士是「忍辱仙人」（Kshantivadin）。國王聽說聖者是一個忍辱仙人，於是在盛怒中，挑戰聖者著名的忍辱工夫。國王首先斬下聖者的雙臂，然後再斬下他的頭。然而對於這種突襲，聖者只對國王生起愛與慈悲，並祈願在來世成佛之後，國王及其王妃將成為他的第一批弟子。

41

大禮拜和繞行可以清淨身的業障，

聽瑞的人們啊，

放棄所有世俗的身體勞動。

如果你從早到晚地工作、耕田、為自己建造豪宅或環遊世界，那麼你的努力或許會帶來金錢的回報，以及其他短暫的滿足，卻不會為你帶來長久的安樂，也不會幫助你在追求證悟的道路上有所進展。

另一方面，如果你把所有身體的活動結合佛法，那麼即使小如從事大禮拜或繞行寺院等舉動，都將具有深奧的意義。佛陀曾說，只要懷著虔敬心做一個大禮拜，就足以使我們投生成為一個偉大的國王，而且投生的次數將如我們從事大禮拜的身體之下——從地表到宇宙的黃金地基❼——的塵土數量那般繁多，甚至我們的功德資糧將不會耗盡。

42

持頌咒語和皈依可以清淨語的業障，

聽瑞的人們啊，

放棄所有庸俗的對話。

俗諺說：「嘴巴是一只惡作劇的箱子，是所有禍端之源。」在負面
情緒的影響下，從人們口中說出的只有饒舌、謊言、誹謗和嚴酷刺
耳的話語。人們對於惡毒的閒話似乎永不厭足，而且不斷推測發生
戰爭及其他壞消息的可能性，這更激起了他們的負面情緒。

相反的，只要念誦一些祈願文、一些咒字或三寶的名號「南無佛，
南無法，南無僧」（Namo Buddhaya, Namo Dharmaya, Namo
Sanghaya），就能挽救我們遠離巨大的痛苦，成就巨大的利益。任何
人聽到諸佛的名號、蓮師的名號或咒音，將能從三大恐懼中解脫：
身為聲聞乘弟子的恐懼——害怕落入輪迴的下三道；身為大乘弟子
的恐懼——擔憂陷入自我本位的動機與發心；以及身為金剛乘弟子
的恐懼——擔心執著於現象的真實存在。

修持佛法的行者尤其不應該沉溺於漫無目的的饒舌。他們應該總是
念誦祈願文，或大聲朗讀闡釋相對和究竟實相的深奧經典。

43

強烈的虔誠心可以清淨心的串習，

聽瑞的人們啊，

禪觀你頂上的上師。

如果你的心持續執迷於財物，你只會讓自己投生成為飽受饑渴折磨的餓鬼。如果你執迷於家人和你所愛的人，你只會增強在死亡時，所要承受的離別之苦。

然而，持續不斷的虔誠心，會帶給你長久的寧靜和滿足。即使只是憶念上師的名號，就足以完全轉化你的見解。即使只是片刻觀想上師在你的頭頂之上，就能夠消除迷妄之障。如此的虔誠心是一個環，能使上師的慈悲之鉤鉤住這個環，把你從輪迴的泥沼中拉出。

雖然證悟本來就存在於我們的心中，然而要使它顯現出來似乎相當困難。但如果你對上師生起強烈的虔誠心，並把你的凡俗之心和上師的證悟自性融合為一，你將能夠獲致證悟。觀想慈愛的上師，真的是一個比其他任何法門更深奧的心靈修持。

44

　　肌肉和骨骼雖然一起生成，但最後肯定要分離，

　　聽瑞的人們啊，

　　不要認為你將長生不死。

在最後，這個由肌肉和骨骼構成的身體，註定要被埋葬、被焚化、被丟棄於河流之中、被禿鷹分食，甚或任其腐爛。為什麼要如此執著於身體？然而，如果你用這個身體來修持佛法，它將成為一個非常珍貴的工具。在身體衰退崩解之前，你應該善用身體，盡可能地在修行的道路上向前邁進。切勿把身體的潛能浪費在無用的事業之上，甚至更糟糕的是，浪費在積聚惡業之上。

45

獲取最殊勝的國土——不變之本然狀態，

聽瑞的人們啊，

在這片土地之上，沒有任何過渡或變遷。

你購買土地、清理整頓土地，在其上建造房屋和從事耕種，認為這麼做將替你帶來快樂和滿足，然而事實並非如此。

真的值得去擁有的唯一一片土地，即是本然離戲（primordial simplicity）的堡壘，也就是萬事萬物究竟且不變的本質。獨自禪修是攻佔這座堡壘的方法；在這條道路上，你將通過不同的次第，最後抵達「大圓滿」的境界。一旦你攻佔了這座堡壘，你可以在今生、死後及來生安住於其中。但是你要準備就緒，以千軍萬馬的勇氣才能達到這個目標。

46

享受最殊勝的財富——本然心性的寶藏，

聽瑞的人們啊，

這是永不耗竭的寶藏。

你或許可以用很大的努力和決心來積聚大量的金錢和財物，但你認為你能夠永遠保有這些財富嗎？然而，有其他種類的財寶，是一旦被使用就會倍增的，例如智慧、慈悲、信心、慷慨佈施和精進。這些珍寶大量存在於本然心性之中，不會受到任何輪迴過患的損害。

47

品嘗最殊勝的佳餚——禪定的細膩滋味，

聽瑞的人們啊，

它可以消除饑餓的痛苦。

你吃的食物或許美味可口或清淡無味，或少量或豐盛，但是到最後，它們全都會變成排泄物。密勒日巴尊者及其他偉大的瑜伽士可以數個月不進食，並且不感到饑餓。他們知道如何用禪思和禪修來滋養自己。

用平靜和深刻的洞察力來滋養自己，你將能夠在今生和來世享受寧靜的滋味。你將遠離無明的饑荒，並且自然而然地想要從事禪修。

48

飲用最殊勝的飲品——觀照的甘露，

聽瑞的人們啊，

它源源不絕，永不間斷。

不若一般的飲料，觀照的甘露隨時隨地都可以取得，而且能夠立時解渴。密勒日巴尊者說：「如果你要飲水，那麼飲用觀照和覺察之茶。」

如果你想要逐漸克服你的缺點，發展正面的品質，那麼你必須時時覺察心的狀態，觀照行為的重要性，以及行為可能帶來的後果。無論在行、住、坐、臥之時，時時刻刻保持全心的觀照是重要的。它將帶給你力量，並有信心去面對死亡。當你在中陰階段遭遇駭人的幻象時，你將能夠立即憶念你的上師和三寶；而這些念頭將使你離於恐懼。覺察心將幫助你通過死亡和投生的過程，並在因果業報法則的推動之下，你將繼續在修行的道路上前進。

所有的行為和修持，都應該以「觀照」為指引。無論你做什麼，都應該以三個重點為圭臬：從事任何行為之時，皆以利益一切眾生為發心；用圓滿的專注來從事一項行為，不執著於做者、受者和所做的概念；最後，把功德迴向一切眾生，願一切眾生證悟成佛。

在夜間，檢視你在白天的行為和念頭，懺悔你的過失和欠考慮的輕

率行為，並加以補救，是好的做法。告訴自己，你已遇見一位上師，領受了他的教導，你不應該做出如此的行徑。如果你做出正面的行為，你要把功德迴向眾生，並誓願在隔天從事更多的善行。

49

仰賴最殊勝的友伴——本然明覺的智慧，

聽瑞的人們啊，

它絕對不會與你分離。

你遲早必須和你最摯愛的朋友分離。然而有一個朋友，將永遠不會離你而去，即使你沒有察覺到它的存在。它即是佛性，是純然的明覺。你將透過聽聞心靈上師的法教，而開始發現它的存在。隨著你培養出穩定的心靈寧靜，以及對實相的深刻洞見，你和這個友人之間的情誼也加深了。最後你將發現，它總是在你的身側，也將長伴你左右。這是你所能夠培養的最真實的友誼。

50

尋求最殊勝的子嗣——孺童般純然的明覺（pure awareness），

聽瑞的人們啊，

這樣的子嗣沒有出生，也沒有死亡。

當一個孩子在一個家庭中出生的時候，父母欣喜若狂。他們家的人丁興旺了，香火延續了。當他們年老時，將會有一個人照料他們及他們的財產。然而，父母對子女所生起的強烈執著，最後為他們所帶來的痛苦折磨往往多過喜樂。尤其如果發生白髮人送黑髮人的情況，父母將很難不陷入絕望之中。

尤有甚者，許多父母可能為了獲得財物而造作了許多惡業。他們也將鼓勵孩子做同樣的事情。事實上，從因果業報的角度來看，他們在不經意的情況下傷害了彼此。父母鼓勵孩子去享用不義之財，而孩子照做，便延續了惡業；這也使得父母嘗受苦果。

去尋求最殊勝、本俱的孩子——純然的明覺——來做你的子嗣，不是更好嗎？受到迷妄的矇蔽，你已看不見這個孩子。但是如果你擁有再度尋回這個孩子的明性（lucidity），那麼他將長伴你左右，即使連死亡也無法把他從你身邊帶走。這個孩子將帶領你走向結合了純然明覺和空性的心性城堡。

51

在空性的狀態中，揮舞純然明覺之矛，

聽瑞的人們啊，

這種見地是不受一切所困的。

你的見地應該如同天空般崇高浩瀚。純然明覺一旦在心的空性中顯現，就不會再被負面的煩惱遮蔽；負面的煩惱反而會成為純然明覺的莊嚴寶飾。對見地的了悟是一種不變的狀態，沒有所謂的生起、停駐或止滅；在這種狀態之中，純然明覺觀察起心動念，如同一個平靜的老人觀看嬉戲的孩童。迷妄的念頭不再能夠影響純然的明覺，如同一把劍無法穿刺天空。

佩達佈（Lady Peldarbum）對密勒日巴尊者說：

當我觀修海洋的時候，

我的心非常自在。

當我觀修波浪的時候，

我的心紛擾不安。

請教導我觀修波浪！

偉大的瑜伽士密勒日巴回答：

波浪是海洋的活動。

讓波浪在海洋的浩瀚中自行平靜下來。

念頭是純然明覺的戲耍。念頭在純然明覺中生起，然後又消融於純然明覺之中。去認清純然明覺是念頭的來處，即是去認清你的念頭從來沒有所謂的生起、停駐或止滅。到了那個時候，念頭就無法再擾動你的心。

當你追逐念頭的時候，你就像一隻追逐一根木棒的狗；每當木棒被丟擲出去，你就追著跑。但是相反的，如果你檢視念頭的來處，你將會了解，每一個念頭都在明覺的虛空中生起消融，沒有引動其他的念頭。你要像一頭獅子——不去追逐木棒，而是轉身面對那個丟擲木棒的人。你只能對著一頭獅子丟擲一次木棒。

為了攻下心性這座非造作的城堡，你必須追本溯源，認清念頭的來處。否則，一個念頭會生起第二個念頭，然後生起第三個念頭等等。很快的，你將被緬懷過去和計畫未來所困，而當下的純然明覺就完全被遮蔽。

有一個故事是關於一個修行者，在戶外用供奉在佛堂上的米粒餵養鴿子的時候，突然想起在他虔誠投入佛法之前，曾經擁有無數的敵人。這個念頭在他心中生起：「現在我的門前有如此多的鴿子；如果我當時擁有那麼多的士兵，我就能夠輕而易舉地殲滅敵人。」

他深深陷入這個想法之中，使他無法再控制敵意。他離開隱居的處所，募集了一群傭兵，前去征討先前的敵人。他從此所造作的惡業，全都起始於一個單純的妄念。

如果你認清念頭的空性，而不去鞏固強化你的念頭，那麼每一個念頭的生起落下，都將使你對空性有更明晰、更深刻的了悟。

52

在沒有念頭的狀態下，毫不散漫地捨棄觀者，

聽瑞的人們啊，

這樣的禪修是離於昏沉或掉舉的。

當你的心安住在純然明覺之中，不思及過去或未來，沒有被外境吸引或被心之造作佔據的時候，你的心將安住在本然離戲的狀態之中。在那樣的狀態中，你不需要刻意地加強戒備來制伏你的念頭。如一句話所說的：「成佛是心的本然離戲。」

一旦你覺知了這種離戲，讓你的心毫不費力地處於當下，便能夠保持這種覺知。然後你將體驗到一種內在的自由；在這種自由之中，你不需要去阻擋念頭的生起，或擔憂害怕念頭將破壞你的禪修。

53

在自然自生的狀態下，訓練自己離於任何執著，

聽瑞的人們啊，

沒有什麼是要捨棄或執取的。

保有那種離戲的狀態。當你遭遇到快樂、成功及其他順緣時，把它們視為夢幻。不要執著於它們。當你面臨了疾病、誹謗或其他身心的艱苦試煉時，不要讓自己灰心喪志。你應該祈願，希望藉由你所承受的痛苦，來盡除一切眾生的痛苦，進而再度燃起你的悲心。不論你遭遇什麼樣的情境，不要洋洋得意，也不要心灰意冷，要自由自在地安住在沉著寧靜之中。

54

不可分割的四身，皆圓滿成就於你的心中，

聽瑞的人們啊，

這樣的成果是超越所有的希望和疑慮的。

成佛似乎是一個遙不可及的目標，但事實上，心的本質——空性，即是「法身」。心的自然顯現——明晰，即是「報身」。從心所散發出來的遍在慈悲，即是「化身」。這三身的合一，即是「自性身」。這佛之四身或四個面向一直存在於你的心中。只因為你不知道它們就在那裡，所以你認為它們是遙不可及的外在事物。

「我的禪修做得正確嗎？」你不安地納悶，「我究竟要到什麼時候才會有一些進步？我絕對無法證得等同於我的上師的果位。」你被希望和恐懼折磨，你的心從來無法獲得平靜。

隨著你的情緒起伏，你在某一天密集地修行，隔天則什麼也不做。當你獲得心靈的平靜而產生愉悅的覺受時，你執著於這樣的覺受。但是當你無法減緩如洪水般的念頭時，你則想要放棄禪修。這不是從事禪修的方法。

無論你發現自己處於什麼樣的心理狀態，你都要日復一日、持之以恆地修行，觀察念頭的活動，並追隨念頭回到它們的來處。你不能期望從一開始，就能夠日日夜夜保持專注。

當你開始觀修心的本質的時候，每一座的修持時間最好短暫且次數頻繁。如果你堅持不懈地修行，你將日益認清並了悟心的本質，而這樣的了悟也將變得愈來愈穩固堅定。到了那個時候，念頭將失去擾亂你和奴役你的力量。

55

輪迴與涅槃的根源都存在於你的心中，

聽瑞的人們啊，

心是離於任何真實存在的。

是我們自己的心，帶領我們陷入輪迴之中。我們無視於心的真實本質，反而把焦點放在念頭之上；事實上，這些念頭純粹是心之本質的化現。我們執著於念頭，結果使純然明覺「凍結」起來，轉變成為「自我」和「他人」、「可愛的」和「可惡的」等堅實的概念。這即是我們創造輪迴的方式。

如果我們能夠遵循上師的教導，來融化這些執著之冰，那麼純然明覺就會重新回復到本然的流動狀態。換句話說，如果你從樹根砍斷一棵樹，那麼樹幹、樹枝和樹葉會一起倒下。同樣的，如果你從念頭的根源來斬斷念頭，那麼所有輪迴的迷妄都將瓦解消融。

我們體驗到的每一件事物——所有輪迴與涅槃的現象——都像彩虹一般生動明晰地顯現，然而它們也如彩虹一般，不具有任何真實的存在。一旦你認清現象的本質——既明晰又虛空——你的心將遠離迷妄的專橫。

了悟心的究竟本質，即是證悟成佛；無法了悟心的究竟本質，即會陷入無明。不論是哪一種情況，它都是你的心。你的心既可以讓你

獲得解脫，也可以讓你深陷輪迴。

然而，這不表示心是一個可以被操作的實體，如同一塊陶土可以被陶工捏塑成任何形狀。當上師教導弟子心的本質時，他指的不是一個實體。當弟子尋找並發現心的本質時，他不是在執取一個可以被執取的實體。了悟心的本質，即是了悟心的空性。就是如此。這種了悟是一種直接的覺受，無法形諸於文字。

如果你期待這樣的了悟會帶來神通、神力及其他超凡的體驗，那麼你就是在自欺欺人。你只要把全副心力投注在了悟心的空性之上！

56

貪愛和瞋恨會顯現，

但它們應該如同鳥飛過一般不留痕跡，

聽瑞的人們啊，

禪修的時候，不要執著於任何覺受。

一般來說，我們執著於家人、財產和地位，憎恨任何傷害或威脅我們的人。試著轉移你的注意力，不要把焦點放在諸如此類的外境之上，並檢視那個把外境認定為可愛或可恨的心。你的貪愛和瞋恨是否具有任何形狀、顏色、實體或位置？如果它們沒有形狀、顏色、實體或位置，你為什麼會如此輕易地被這種情緒的力量所擊敗？

之所以會如此，乃是因為你不知道如何釋放這些情緒。如果你讓念頭和感覺自行生起和消融，它們會穿過你的心，如同一隻鳥飛過天際，不留下任何痕跡。這個道理不僅適用於貪執和瞋恨，也適用於禪修時生起的覺受——大樂、明晰和無念。這些覺受是精進修持的結果，是心本俱創造力的展現。這些覺受如同陽光照在雨幕上所形成的彩虹一般顯現。而執著於這些覺受，將如同追逐一道彩虹，希望能夠把彩虹穿在身上一般徒勞無益。只要讓你的念頭和覺受自由來去，不要執著於它們。

57

未生的究竟身（unborn absolute body）如同太陽的核心，

聽瑞的人們啊，

它的光耀明性是沒有盈虧的。

法身，究竟的面向，萬事萬物的究竟本質，即是空性。然而，它不是空無一物。它具有認知和光耀的明性，了知所有的現象，並且是自然而然地顯現。法身不是因緣聚合所生成的事物；它是心本然呈現的本質。

了悟心的本質，如同智慧之陽生起，穿透無明之暗夜。黑暗在一剎那之間消散，陰影無所遁形。法身的明性不會像月亮有所盈虧；它如同太陽中心不變的光輝。

58

念頭像闖入一座空宅的小偷般來去，

聽瑞的人們啊，

沒有所謂的得失。

我們相信有個稱為「我」的實體，以及這個實體所產生的念頭全都是真實的，並按照這些念頭和情緒來行事，造作了善的或惡的業果。事實上，念頭如同闖入一座空宅的小偷，小偷一無所獲，屋主也一無所失。了悟念頭從來都不真實地存在，因此也就沒有停留，沒有結束，就足以使念頭無害。當念頭生起時，如此釋放念頭，就不會造成影響，也不會帶來業果。如此，我們將不會對負面的念頭有所畏懼，也不會對正面的念頭有所希冀。

59

感官知覺如同在水上作畫，不會留下痕跡，

聽瑞的人們啊，

不要沉溺於迷妄的外相。

我們執著於舒適和歡悅，為身心承受的痛苦感到煩惱不安，乃人之常情。這些天性促使我們去尋求、保有和努力擴增賦予我們歡悅的事物——舒適的衣物、美味的佳餚、宜人的處所，以及感官的愉悅——同時去避免或摧毀我們認為是討厭或痛苦的事物。

這些感官覺知時時刻刻都在改變，不具有任何真實的本質。它們仰賴身體與心靈的短暫連結，因此執著於感官覺知是毫無用處的。不要被你的認知牽著鼻子走，落入它們的圈套，而是要讓它們一形成就消融，如同用手指在水面上寫字，字跡隨著你的筆劃消失。

60

執著和憎恨的念頭如同天上的彩虹，

聽瑞的人們啊，

它們沒有什麼是可以被執取或捕捉的。

人們可以相當程度地被自己的貪愛或瞋恨支配，甚至願意失去生命來滿足貪愛或瞋恨，戰爭就是說明這個情況的悲慘例子。貪愛或瞋恨的念頭和情緒，或許看起來非常堅實且具有說服力，但如果你仔細檢視它們，你將發現它們像彩虹一樣不具實體。終其一生地去滿足這種衝動的念頭，去渴求權勢、歡樂和財富，就像一個想要抓住彩虹的孩子一般天真。

在修行的時候，每當你的心中生起強烈的貪愛，或爆發瞋恨的烈焰，你要仔細地檢視念頭，認清它們的根本空性。如果你能夠任其消融，念頭和感覺將自行消融。當你能夠用相同的方法來對治隨後生起的念頭，念頭將無法控制你。

61

心的活動如同天空中的雲朵，會自行消失，

聽瑞的人們啊，

在心中沒有任何的參考點（reference points）。

當雲朵在天空聚集時，天空的本質沒有被削弱。當雲朵消散之後，天空的本質也沒有增益。天空既沒有變得更廣大或純淨，也沒有變小。它絲毫沒有被改變，也沒有被影響。心的本質也正是如此。心既不會被念頭的生起所改變，也不會被念頭的消失所改變。

空性是心的真實本質。明晰是心的自然展現。為了達到描述的目的，我們可以區別心的這兩個層面，但在本質上，空性和明晰是無二無別的。單單固著於空性或明晰的概念，彷彿它們是兩個獨立的實體，是錯誤的。心的究竟本質超越所有的概念、定義和偏頗的見解。

一個孩子或許會想：「我可以在雲端上漫步！」事實上，如果他真的在雲朵之上，他會發現自己沒有立足之地。同樣的，你的念頭看似堅實，但是等你檢視念頭之後，你會發現其實不然──念頭不具任何實體。這即是我們所謂的「萬事萬物的俱生顯空」。

62

沒有執著，念頭像風一樣無拘無束，

聽瑞的人們啊，

像風一樣從不纏附於任何對境。

風吹過天際，飛越各洲，從不停駐在任何處所。它掃過虛空，不留下任何痕跡。讓念頭用同樣的方式穿過你的心，不留下任何業的殘渣，從不改變你對本然離戲（innate simplicity）的了悟。

63

純然明覺如同天空的彩虹一般沒有固著，

聽瑞的人們啊，

覺受的生起是暢行無阻的。

純然明覺，也就是證悟的心，純粹是心離於所有的迷妄，超越存在
或不存在的概念。

「若有執著，即非正見。」這是偉大的薩迦派祖師札巴‧嘉岑尊者
（Jetsun Trakpa Gyaltsen）在一次淨觀中親見智慧菩薩文殊師利，從
其口中聽聞的教授。我們無法說「證悟」是存在的，因為連諸佛都
不曾見過它。我們也不能說「證悟」是不存在的，因為它是輪迴和
涅槃的根源。只要持有存在或不存在的概念，你就無法證悟心的真
實本質。

天空中的彩虹雖然可以被稱為是天空的一種展現，但事實上，它即
是天空。同樣的，禪修時在心中生起的覺受——使你相信你已經獲
致證悟的良好覺受，以及讓你感到挫折的不良覺受——它們本身都
不真實存在。俗話說：「被禪觀的覺受矇騙的禪修者，如同被彩虹
引誘的孩童。」不要去重視這般的覺受，如此一來，它們將無法帶
你偏離正道。

64

了悟究竟本質，如同一個啞巴所做的夢，

聽瑞的人們啊，

它是無法用言語來形容的。

對一個無法言語的人來說，即使他清晰記得自己所做的一場美夢，也無法形諸於言語。同樣的，心的本質是超越任何形述的；沒有語言文字能夠定義心的究竟本質——法身。你可以說心是存在的，但是除了空性之外，你無法展現心的任何面貌。或者你可以說心是不存在的，但你又如何解釋心的無數化現？心的究竟本質超越所有的描述，更非散漫的念頭所能掌握。

65

「了悟」如同一個青春少女所擁有的歡悅，

聽瑞的人們啊，

那種歡悅和喜樂是無法言喻的。

當了悟的黎明來臨時，心變得全然地自由、自在、圓滿、浩瀚而寧靜。然而，這種證悟如同青春少女的喜悅，是無法言傳的。

66

明晰和空性雙運，如同月亮映照在水面之上，

聽瑞的人們啊，

沒有什麼是要去執著的，也沒有什麼是要去阻撓的。

我們覺察的每一件事物——輪迴和涅槃中的所有現象——的生起，
純粹是心的本然創造力演出的戲碼。心的「明性」——我們所覺知
的現象之清晰顯現——乃是心之空性的展現。空性是明性的本質，
明性是空性的展現。兩者是不可分割的。

心如同映照在靜止湖面上的月亮一般燦爛明晰，但你無法捉住水面
上的月影。它是如此生動鮮明地顯現，同時又無可觸及。由於空性
和明性之不可分割是心的本質，因此沒有什麼能夠阻撓遮蔽它，它
也無法阻撓遮蔽任何事物。它不像岩石等堅硬物體具有實體、佔據
空間，並排拒其他物體。在本質上，心不具實體，無所不在。

67

無二無別的明晰和空性，如同虛空，

聽瑞的人們啊，

心既沒有中心，也沒有外圍。

心可以理解形狀、聲音及其他現象，可以體驗快樂和痛苦。然而，
外顯世界從來不存在於心中。當你分析心的時候，心只有空性。如
同一個空無的宇宙，提供了一個可以容納所有天體的空間一般，心
的空性本質也為它自己的示現提供了空間。正如一個既沒有中心，
也沒有邊際的無垠宇宙，心也沒有時間和空間的起始或結束。

68

> 沒有念頭、沒有散漫的心，如同一面有著美人映像的鏡子，
>
> 聽瑞的人們啊，
>
> 心是離於任何理論的。

一旦你認清心的本質，你不再需要刻意去思維心的本質，或用各種方法來修飾它。到了那個時候，你甚至不能說心是在「禪定」之中，因為它自然而然安住在寧靜無別的狀態之中。你不再需要去專注於一個特定觀想的細節，例如一個本尊的形相。心將不會陷入散漫和迷妄之中——散漫和迷妄是凡夫的特性，因為心毫不費力地、持續地安住在它的本質之中。

明覺不會受到令人愉快的或令人厭惡的覺知所影響。它僅僅安住於它的本然狀態之中，恰如一面映照了一張人臉的鏡子，既不會因為鏡中人的美麗俊俏而狂喜著迷，也不會因為鏡中人的醜陋而觸怒。正如一面如實地、毫無分別地映照所有形相的鏡子，一個證悟者能夠清楚覺知所有的現象，而不會影響他對究竟本質的了悟。

反映在鏡子上的影像，既不是鏡子的一部分，也不在鏡子以外的地方。同樣的，我們所察覺認知的現象，既不在我們心中，也不在心以外的地方。事實上，對事物究竟本質的真實了悟，完全超越任何存在或不存在的概念。因此，龍樹菩薩在《中觀論頌》裡說：「既然我沒有確認任何事物，因此沒有人能夠反駁我的論點。」

69

明覺和空性是無別的，如同鏡中倒影，

聽瑞的人們啊，

在這面鏡子中，無所生也無所滅。

心的空性不是一種茫然遲滯的狀態，也不是空無一物。更確切地說，它具有了知的能力，一種自然顯現的明性，我們稱之為明覺或證悟的心識。空性和明覺是心之本質的兩個層面，在本質上是無二無別的，如同一面鏡子和反映於其上的影像。

念頭在空性中生起和消融，如同一張臉的倒影在鏡子中顯現和消失。由於人臉的倒影從未真正存在於鏡子之中，因此當人臉不再反映於其上時，倒影也沒有所謂的停止存在。

鏡子本身也從未改變。就相對的角度而言，在你展開修行的道路之前，你可能處於被無明控制的輪迴不淨狀態之中。一旦你走上修行的道路，你所經歷的不同狀態，摻合了無明與了知。在修道的終點，也就是覺醒的時刻，除了明覺之外，一無所有。在修道的所有階段之中，雖然心看起來產生了一些轉化，但心的本質從未改變。在修道之初，心沒有墮落腐敗；在修道之終，心也沒有增善。

70

大樂和空性是無分別的，如同太陽照亮白雪，

聽瑞的人們啊，

在那裡，沒有什麼是可以執取的。

當陽光照射在山峰上的白雪的時候，白雪的潔白變得更加炫目。但
是，你能夠區分陽光的光輝和白雪的潔白嗎？

當你認清心的空性，心固有的至極大樂擴展了。它是全然的自由自
在，暢然無阻的大樂。然而，它絕不應該被當做真實的事物來執
著。大樂和空性是無二無別的。白雪的燦爛光輝雖然令人目眩，但
它不是你能夠用手抓取的事物。

71

迷妄之言將如同回音般消失無蹤，

聽瑞的人們啊，

在音聲之中，沒有什麼是可以執取的。

我們喜歡聽到別人的讚美和恭維。如果有人讚美你，你希望他們多說一些，讓整個世界都聽到。另一方面，在面對批評或惡毒的流言時，你會千方百計地不讓這些話語傳到別人耳中，免得人盡皆知。

然而在實相上，讚美和指責只不過是空虛的聲響，不值得去投注一絲一毫的注意力。為了這些空虛的聲響而感到煩惱不安，一如為了聲音碰觸懸崖所反響的回聲而感到驕傲或觸怒一般荒謬可笑。

72

苦與樂如同魯特琴的琴身和琴弦發出聲響的機械作用，

聽瑞的人們啊，

快樂和痛苦是行為結合了必要的因緣所產生的結果。

一塊精緻的木頭被製作成一把魯特琴的琴身，並安裝上琴弦之後，才能撥彈出悅耳動聽的琴音。如果缺乏任何必要的零件，魯特琴就無法發出音樂。同樣的，如果你沒有適切地聚合得以讓快樂生起的基礎，那麼你就無法享受快樂。快樂和痛苦是我們造作之善業和惡業複雜互動的產物。

正如同精通魯特琴的琴藝需要勤勉的練習，通曉安樂之道也需要持之以恆地修持佛法——以及有技巧地修持。為了獲得滿足喜悅，而用一種欠缺訓練和紀律的方式來親近佛法，其功效不會比急切地用笨拙隨意的指法來撥弄琴弦所製造出的音樂來得好。

從究竟的觀點來看，快樂和痛苦都不具有真實的存在。然而從相對的層次來看，快樂和痛苦仰賴因果的不變法則，正如同音樂遵循和聲定律。

再舉一個例子。有些菇蕈看起來、嘗起來美味可口，但若有人魯莽嘗試，就會遭受致命毒害。同樣的，財富、名聲和感官的歡悅在一開始似乎非常誘人，但最終會令人感到痛苦失望。相反的，具有治

病功效的良藥嘗起來都非常苦澀，而修行也是如此。雖然在修行的
過程中，身心會承受痛苦折磨，但它會帶領我們臻至超越所有痛苦
的不變大樂。

因此，去辨別你應該接受什麼，應該拒絕什麼，並沒有任何的差錯
或模稜兩可，是非常重要的。

73

　　輪迴和涅槃的本然自由，如同一個孩子的遊戲，

　　聽瑞的人們啊，

　　要有一個不帶任何目標的心。

我們永無止境地在輪迴中遊蕩，乃是負面情緒的結果。但是如果我們費心去檢視這些情緒的本質——我們是如此執迷於這些情緒，而它們也是導致我們深陷輪迴的原因——你將會發現，它們不具有一絲一毫的真實。它們除了空虛之外，一無所有。

真正的涅槃是由本初智慧不可言喻的無限功德所構成。這些功德是本俱於心的，不需要去發明或去創造。在修道的過程中，「了悟」把這些功德顯露出來。從究竟的角度來看，連這些功德也是空性。

因此，輪迴和涅槃皆是空性。於是，沒有人可以說輪迴或涅槃是好是壞。當你了悟心的本質，你就會從拒斥輪迴和追求涅槃的需求中解脫。用一個稚子單純無染的眼光去看世界，你就能夠超脫美醜善惡的概念，不再淪為受制於貪愛或瞋恨等負面習性的獵物。

何必為了日常生活中的起伏而庸人自擾，如同一個孩子為了堆築沙堡而欣喜，為了沙堡的崩塌而哭泣？看看人們是如何為了獲得他們想要的事物，棄絕他們厭惡的事物，而把自己投入痛苦折磨之中，彷如飛蛾撲火！永遠放下如夢的執迷重擔，不是比較好嗎？

74

你對外在世界的見解源自於心，

聽瑞的人們啊，

讓堅硬的冰融化成水。

湖泊河川在冬天會凍結成冰，水面變得如此堅硬，以致於人畜和車輛能夠在其上來回行走。當春天近了，地面溫度回暖，凍結成冰的湖泊河川開始融解。那時，堅硬的冰還剩下什麼？水是柔軟而流動的，冰是堅硬而銳利的。我們既不能說水和冰一模一樣，也不能說它們是相異的——冰只是凍結的水，而水只是融化的冰。

我們對外在世界的覺知也是如此。執著於現象的真實存在、被貪愛和瞋恨折磨、執迷於世間八法❽，是導致心凍結的原因。融解你的概念之冰，如此一來，自在覺知（free perception）之水就能順暢流動。

75

無明如同一片牧草地上噴湧不絕的泉水,

聽瑞的人們啊,

它無法用堵塞的方式來阻斷。

在無量累世中,你一直持有一個頑固的信念,認為自己和一切現象是真實存在的。你如此強烈地執守這樣的信念,以致於無法藉由否定這些實體的真實存在,來使自己從這個信念中解脫。你所需要的是,清楚且直接地了悟「我」和現象都不具有任何真實的存在。

如果你嘗試用手或一塊石頭來阻斷泉水的水流,那麼水壓會在幾秒鐘之內讓你前功盡棄。同樣的,嘗試去遏止經常在禪修時生起的念頭巨流,可能功敗垂成,甚至可能會面臨心理問題的風險。你嘗試去壓制的念頭和情緒,將在你禪修時再度浮現,成為你的敵人。

正確的方法是去認清,你的念頭從不真正地存在,因此也不會停留在存在的狀態或止滅。無論念頭有多少,如果你知道如何在念頭生起的那一刻釋放它們,念頭就不會帶來傷害。你的禪修既不會被生起的念頭破壞,也不會因為念頭的不存在而有所增長。

旅人從火車車窗看到的鄉村和城鎮,不會減緩火車的速度,而火車也不會對它們造成影響。兩者互不侵擾。當你禪修時,這應該是你看待通過你的心的念頭的方式。

76

輪迴和涅槃的迷妄，如同和敵人正面交鋒，

聽瑞的人們啊，

把修持善行當做你的盟友。

你或許認為，輪迴是你不計任何代價都要排拒的事物，而涅槃是你竭力要取得的事物。然而事實上，這種分別的見解是錯誤的。它們是迷妄的產物，而迷妄則源自於無明。

消除迷妄如同俘虜一支敵軍的將軍。將軍被擄獲之後，以其為首的軍隊很快就會投降。然而，為了擄獲這個將軍，你需要盟友——心靈上師和善行。唯有他們的協助，你才能夠清淨並發展出證悟的潛能。而事實上，這種潛能是與生俱來的。

77

五身之本然明性，如同黃金大陸的廣袤無垠，

聽瑞的人們啊，

不要有希望或恐懼，貪愛或瞋恨。

成佛的狀態是由五「身」（kayas）或證悟的層面所構成：化身、報身、法身、自性身和不變金剛身❾。向外去尋找五身是沒有益處的，因為它們和我們的心是無二無別的。一旦你認清了它們的存在，迷妄將會消失，你也將沒有必要到他處去尋求證悟。在一個完全由黃金構成的島嶼上登陸的探險家，即便四處搜尋，也不會找到尋常的石頭。你必須了解，成佛的功德一直存在你的心中。

去擔憂修道的進展緩慢，去想證悟是遙不可及、只會發生在遙遠的未來而感到挫折沮喪，是毫無用處的。這種態度將增加你的焦慮不安，減損你用平靜沉穩的心來修行的能力。一如密勒日巴尊者所說：「切勿對成佛失去耐心。你要持續修行，直到最後一口氣。」

放下所有的希望和恐懼，安住在金剛般的不變狀態之中；在這種狀態之中，明覺的本然離戲即是成佛本身。那即是圓滿無暇的至極大樂；在這種大樂之中，所有證悟的功德都將毫不費力地蓬勃發展。

78

由於人身之暇滿，人身如同一座充滿寶藏的島嶼，

聽瑞的人們啊，

切勿空手而返。

一個發現一座寶島的探險家，可以把船隻滿載黃金、鑽石、藍寶石、紅寶石和翡翠。然而，他的好運無法和人身比擬。人身給予我們遠比任何黃金和寶石珍貴的事物——思惟和修持佛法的機會，以及賦予人生意義的機會。而聲聞乘、大乘和金剛乘所提供的各種法教，則是我們必須選取的寶藏。

此時此刻，當你享有暇滿人身的所有順緣之際，你擁有修持佛法的自由❿。忽視如此的良機，如同拾起一顆寶石的乞丐，卻把寶石視為玻璃，重新扔進塵土之中。然而更糟糕的是，我們了解人身的重要與價值，卻明知故犯地把心思分散在其他事物之上，追求世俗的成就，而浪費了人身。這是迷妄的縮影。如果探險家進入寶島卻空手而返，那麼他就白白橫渡重洋了。切勿犯下如此的錯誤。

79

大乘的修持法門如同一個如意寶，

聽瑞的人們啊，

無論你如何努力地尋找，都將難以再尋。

被稱為「如意寶」的神奇寶石，具有實現所有渴望和抱負的力量，並且能夠驅除整個國家的苦難。用如意寶來比擬大乘恰如其分。大乘具有減緩一切眾生之痛苦的力量。

在今生今世，你遇見了一位上師，領受了大乘的法教。如此的遭遇不是機緣之故，而是往許多過去世追求靈修生活的結果。

一個具格的上師及其法教，一如藍色蓮花「烏巴拉」（Udumvara）般珍貴稀有；它的花蕾在佛出世的時候生成，它的花在佛證悟的時候方開，並在佛圓寂之時凋萎。

佛陀曾經示現於世間；他曾經轉法輪，而他的法教一直留存至今。你已從一個真正的上師處領受了佛陀的法教，並已準備就緒，要把法教付諸實修。與其把人生浪費在無益的追求之上，你難道不應該為自己的幸運感到驚訝，並把全副精神投入於佛法，不要浪費片刻時間？

80

不管發生什麼事情，今生你都將有足夠的衣食，

聽瑞的人們啊，

把你所擁有的每一件事物用於修持佛法。

即使你的食櫥和衣櫥是盈滿的，你仍然一次只能吃一餐飯，穿一件
衣服。事實上，你所需要的只是足以維生的養分，以及足以保護你
免受自然天候侵襲的衣物。關於衣食這兩種生活必需品，你無須擔
憂：佛陀承諾，沒有任何一個出離者會死於饑寒，也沒有人會找到
這種出離者的屍骨。何必為了擔憂你將沒有足夠的食物可吃，沒有
衣服可穿，以及沒有地方可以睡覺而猶豫不決？修持佛法是善用人
生的最佳方式，這是毫無疑問的。

81

趁年輕努力且嚴格地修行，

聽瑞的人們啊，

一旦你年老，身體將經不起這樣的修行。

當你年輕的時候，你應該善用青春活力來修持佛法。在這個時候，聞、思、修佛法所需要的心智能力處於顛峰狀態，也擁有忍受刻苦修行所需要的體力。如果你能夠趁年輕，盡最大的努力來修行，那麼之後當你年紀較長，你將擁有足夠的穩定力來持續修行，不費任何力氣。

如果你延遲修行，任憑時光流逝，你的視力將減弱，聽力將衰退，記憶力將喪失，並且容易疲勞和生病。屆時才開始修持佛法，為時已晚。善用你的青春年少，待你年老之時，將無悔恨。

82

煩惱生起時，用方法來對治，

聽瑞的人們啊，

讓一切概念回歸它們的本來自性。

一個穿越盜賊出沒的森林的商人，會隨身備妥武器。一個行經瘟疫
蔓延的國家的旅人，會隨身攜帶各種藥物。同樣的，生活在貪、
瞋、慢、疑及其他許多煩惱的常時威脅之下，你應該隨時準備就
緒，用適當的對治方法來擊退它們。時時刻刻保持警覺，是一個認
真的修行者的目標。事事順遂時，你或許知道如何修行，但是如果
你屈服於第一個襲擊你的煩惱，你的修行就幾乎沒有用處。

修行者的良莠，可以從他們面對可能激起潛在煩惱的困境所做出的
反應看出來。那些能夠立即用正確的對治方法來因應的修行者，將
能夠毫無問題地克服障礙。

尤其如果他們知道如何超越做者與受者的概念，他們的念頭將自行
釋放，如同一條蛇從綁縛於身上的繩結中掙脫出來，不費任何力氣
或不需任何協助。當你追蹤所有的念頭和概念，回到它們的來處，
你將認清，它們都擁有相同的真實本質——與般若智慧無二無別的
空性。

83

時時思量輪迴的所有過患，

聽瑞的人們啊，

此舉將使你的信心更加清晰明確。

你一定會碰到怠惰、慾望高漲和不滿不平的困境，而使你希望情況有所不同。當你無法專注於修行的時候，思量輪迴的苦難和悲慘。清楚地提醒自己輪迴充滿痛苦，將重振你的信念，重新確立你對法教的信心。

84

此時此刻，勤勉精進，腳踏實地，

聽瑞的人們啊，

當你死亡時，它將引領你走上修行之道。

當彈藥充足的軍隊首領看到敵軍向前進發時，會保持冷靜沉著。同樣的，修行證量臻至穩定不變的行者在面對死亡時，將會保持冷靜。現在是發展這種穩定力的時候了。

明智的旅人在出發之前，會備妥每一件所需物品：糧食、金錢、藥物、地圖和羅盤。你遲早都必須踏上來世的漫長旅程，因此最好現在就開始準備，接受上師的忠告，謹慎地把上師的教導付諸實修。

85

如果現在沒有空閒，你要到何時才有空閒？

聽瑞的人們啊，

你享用佛法美饌的機會是千載難逢的。

人們常說：「我很想修持佛法，但現在沒有辦法。我必須先照料我的家人，為他們的未來鋪路。」

然而正是現在，趁你仍然擁有人身的時候，你有機會，有自由，以及有動機去遵循佛法。為什麼要拖延？你如此確定你會在來生獲得比現在更好的條件？到了那個時候，你或許淪入下三道，完全被痛苦和勞役所佔據。如果你任憑歲月流逝，你將白白浪費從墮落輪迴中解脫的良機。

當一頓美味可口的盛筵在你面前的時候，及時享用。佛法的午鐘已經響起——趁鐘聲消逝之前，把握機會！

86

人生如此短暫，如同青草上的露珠，

聽瑞的人們啊，

不要屈服於懶散和漠不關心。

生命是如此脆弱，如同一顆懸在葉片尖端的露珠，隨時會被清晨的第一縷微風帶走。僅僅擁有想要修持佛法的誠摯渴望，以及很快就要開始修行的想法，是不夠的。不要消極地坐以待斃，讓死亡之風在你展開行動之前，就帶走你所有的計畫。一旦你生起修行的想法，就要毫不猶豫地起身即行。

初學的修行者擁有易變的心，面對煩惱無招架之力，如同生長在山隙上的長草隨風搖擺。

87

萬一你從身處之地失足，

聽瑞的人們啊，

將很難再獲人身。

如果一個沿著斷崖絕壁邊緣易滑岩石攀爬的登山者一時失足，可能
會要了他的性命。然而，在你的整個人生當中，你一直沿著惡趣的
深淵鋌而走險，你所面臨的風險遠比任何登山者來得巨大。一旦你
落入惡趣的深淵，你幾乎無法爬上通往人道的幸運斜坡。修持佛法
是唯一可以讓你安全橫越惡趣的事物。

88

佛陀的法教如同穿透雲層的耀眼陽光，

聽瑞的人們啊，

此時是佛法之陽顯現的唯一時刻。

佛陀的法教不是永恆可得的。當某個時代所有眾生的功德減損時，
佛陀的法教也會墮落衰退。事實上，我們此刻正生活在如此黑暗時
期的邊緣；在這個黑暗時期——也就是五濁惡世⓫之中，佛法之陽
即將落入西山。然而，佛法之陽仍然不時閃耀，如同黃昏的太陽光
芒穿透雲層之間的縫隙一般——而這些雲層露出縫隙、稍縱即逝的
時刻，是我們能夠看到陽光的唯一機會。一旦夜幕降臨，即開啟了
黑暗時代。在這個時代之中，我們甚至連三寶的名號都無法聽聞。

因此，遵循和修持佛法，不是一件能夠等到你覺得自己已經準備就
緒才去做的事情。如果你仍然在輪迴的迷惑中遊蕩，乃是因為你在
過去世沒有遇見佛陀的法教，或因為你忽視佛陀的法教。但是，如
果你現在能夠開始走上修行的道路，得遇佛法的幸運將支持你在修
道之路上精益求精。

89

你對人們說出如此聰明機靈的見解，自己卻不實行，

聽瑞的人們啊，

你內在的過失才是需要被揭露出來的。

有人沒有任何真實的親身體驗，也能夠滔滔不絕地談論佛法。即使他們舌燦蓮花，五毒之火卻時時刻刻在他們內心燃燒。任何一個要去教導他人的人，首先必須擁有完整而透徹的法教基礎。一根結實燈芯的穩定火焰，可以點燃一百盞酥油燈，而一根纖細燈芯的微弱火光，甚至無法讓自己持續燃亮。

你或許已領受了許多法教，並在理論上知道如何才能有所進展，避免障礙。然而，如果你不去應用這些法教，你的知識將依然貧瘠，如同一個守財奴不給自己食物，讓自己餓死一般。

如果你想要有所進展，那麼睜開眼睛去看看自己的缺點。你必須檢視你的心，如同看著一面鏡子。為了維持自己的驕慢，而只看見他人的不足，並把自己的缺點視為美好品質，你肯定無法有所進步。根據噶當派大師所言，揭露內隱過患的法教，乃是最好的法教。揭發一個至今從未受人懷疑的小偷，是有效終止偷竊行徑的方法。

你要知道如何去認清你的主要過患——貪、瞋、癡、慢、疑。對它們保持覺察，每當它們顯現的時候，就要抵銷它們。時時追蹤你的

情緒，如同一個害怕敵人、日夜有貼身護衛警戒的國王。噶當派大師曾說：

> 我在我的心門之處握持一把警戒之劍，
>
> 當情緒威脅之時，我報以威嚇。
>
> 只有當它們放鬆控制的時候，
>
> 我才會鬆弛警戒。

因此，即使受到情緒支配，仍然時時維持警戒是重要的。如果你甚至沒有覺察到自己的情緒，就會很容易自欺欺人地認為自己是在遵循佛法。這種錯誤的修持，會讓人們墮入惡趣。

只是觀看描繪三善道所有細節的美麗壁畫，不同於實際親臨。如同閱讀醫師的處方，並不會讓你痊癒。光是模仿一個佛法修行者的行為舉止，將不會讓你獲得解脫。粗心草率地去染一塊布料，是在浪費時間——染料將不會留在布料上，而且一無所成。修持佛法，卻沒有讓佛法深入濡染自己，是了無意義的。如此，你只會浪費你的潛能。沒有人能夠替你走上修行的道路。你必須自己去做。當然，你將無法一次消除所有過患。只有佛是圓滿無暇的。但是你能夠點點滴滴地清淨自己，如同從雲海中散發光輝的月亮。

沒有什麼罪行是嚴重到無法彌補的。連續殺人犯安覺摩羅

（Angulimala，或譯為「指鬘」，因為他曾把每天殺死的人的手指斬下來，串成指鬘繫於頸部，故有此稱號。）犯下九百九十九件謀殺案，但他遇見佛陀，用信心的力量清淨了自己的錯誤業行之後，成為一位阿羅漢。只要付出足夠的努力，就可以發展出任何功德。但是如果缺乏信心或沒有努力付出，即使佛陀親身示現在你的面前，你也將無法使自己臻至圓滿。

在清晨，你的第一個念頭應該是，要為一切眾生的安樂來度過這一天。在這一整天當中，把佛法付諸實修。在傍晚，檢視一天當中的行為、言語和念頭。不論你從事了什麼樣的善行，把所有的功德迴向給一切眾生，並誓願隔天所從事的善行有所增長。不論你從事了什麼樣的惡行，懺悔並承諾加以彌補。如此一來，上等根器的修行者會日日有所進展；中等根器的修行者會月月有所進展；下等根器的修行者則會年年有所進展。

90

信心是如此輕易地就會屈服於環境，

聽瑞的人們啊，

思量輪迴的過患。

在上師面前聆聽法教的時候，你或許會發現自己相當容易生起信心。但你的心是善變的。你初生的信心是脆弱的，會輕易地屈服於輪迴中瞬息萬變的環境。當信心動搖時，你的修行也將停滯。

因此，信心需要滋養。而滋養和重振信心的最佳方式，即是思量上師的慈悲和佛法的長處，比較上師、佛法的圓滿無瑕和輪迴的缺患。如果你匯集在過去生世所流的每一滴眼淚，它們將形成一片浩瀚汪洋。如果你堆積你過去死亡的屍體——即使只是投生為昆蟲的屍骸——它們所堆積的高度將比最高聳的山峰還要高。借助於如此的影像，思量你一意投入輪迴的盲目愚昧，並試著把輪迴視為一座可怕的監獄，必須從中逃脫。

91

經常和損友交往，一定會讓你做出有害的行為，

聽瑞的人們啊，

棄絕任何負面的友誼。

心如同一顆水晶，隨著周遭環境而變換顏色。你所交往的益友或損友的品德或缺點，一定會在你身上顯映。如果你和惡毒、自私、心懷怨恨、偏執、傲慢的人做朋友，他們的缺點將影響你。你最好和他們保持距離。

92

經常和益友交往，一定會使你生起美好的品質，

聽瑞的人們啊，

追隨你的心靈上師。

親近心靈上師總是有所助益。這些大師如同藥草園圃，如同智慧聖殿。在一個證悟的大師面前，你將迅速獲致證悟。在一個博學多聞的學者面前，你將獲得巨大的知識。在一個偉大的禪修者面前，心靈的覺受將在你的心中顯露曙光。在一個菩薩面前，你的悲心將延伸擴展，如同一根被放置在檀香木旁邊的尋常木頭，將漸漸充滿檀香木的香氣。

93

詭計和謊言不只欺瞞他人，也欺騙自己，

聽瑞的人們啊，

以自己的良心為見證。

如密勒日巴尊者所說：「問心無愧，乃是誓願清淨的徵兆。」你的良心，即是最佳的見證；它比任何人都清楚你所擁有的善念和惡念，以及你所犯下的各種業行。任何一個能夠充滿信心地說「我已全力以赴」的人，擁有一個滿足而寧靜的心。

做一個評斷自己過失的裁判，而不要做評斷他人過失的裁判。只有佛知道其他人內心深處的動機。檢視自己，看看你是否真切地遵循佛法來過生活。受情感所驅使的虔誠心，表面的尊敬，膚淺的慈悲，以及裝模作樣的出離，不是真正修行者的特質。過著完全牴觸佛法的生活，又維持一個沒有任何過失的表象，是相當可能的。

94

源自無明的迷妄，是一個最可怕的、包藏禍心的惡魔，

聽瑞的人們啊，

時時保持覺察和觀照。

無明是導致我們在輪迴中遊蕩的根本原因。事實上，每一個眾生，即使是最微小的昆蟲，都充滿佛性，如同每一粒芝麻都充滿油脂。但是當眾生沒有覺察到自己的真實本質的時候，不同形式的障蔽將使他們承受痛苦。此即無明。

無明使你相信，自我和現象是真實存在的。它使我們生起貪愛和瞋恨，以及源自貪愛和瞋恨的煩惱之流。這是輪迴迷妄產生的方式。迷妄深植於你的心中，蹂躪你，如同邪靈只會帶來破壞和毀滅。在寂天大師的論著《入菩薩行論》❷中，說明負面情緒是如何在過去無數的生世中，殘酷且毫不留情地傷害我們。因此，我們必須要對抗的是貪愛和瞋恨，而不是一般的敵人；一般的敵人是他們自身貪愛的不幸受害者。不論一般敵人有多麼殘忍，沒有一個敵人能夠在今生以外的時間傷害你。然而，煩惱是更可怕的敵人，從無始以來，就一直在傷害你，從未停止慫恿你做惡，使你嘗受巨大痛苦。

現在，藉由心靈上師的協助，你至少可以認清誰是真正的敵人。揮舞般若之劍，殲滅執著於「我」及現象之真實存在的惡魔。

95

如果你不執著於三毒或五毒，你的修行之道便近了，

聽瑞的人們啊，

發展出強而有力的解藥來對治它們。

我們的心太常被貪、瞋、癡、慢、疑等五毒控制支配。看看瞋恨是如何促使人們去殺害彼此，國與國之間發起戰爭。只要你放任你的貪愛，它們就會控制支配你。但是，當你追溯它們的來處，加以仔細分析，它們就會消失無蹤。它們如同翻騰起伏的暴風雲，外表看起來氣勢宏偉，內裡卻是無形的。簡而言之，唯有你將權力賦予給令人痛苦的情緒，它們才會擁有力量。不要一再耽溺其中；永遠根除它們，你的解脫將垂手可得。

為了能夠成功地根除煩惱，你必須生起堅定而強烈的決心。否則，上師的教導將無法發揮太大的助益，你的修行也將一無所成。上師能夠引導你獲得證悟，但他無法像把一顆石頭擲向天空一般，把你推向證悟之境。上師指示你修行的道路，但是否遵循這條道路，則取決於你。由於情緒是威力強大的，你必須用具有同等力量的對治解藥來對抗它們。為了除掉一棵有毒的樹木，你必須連根拔除。光是修剪幾根樹枝是不夠的。同樣的，除非你根除情緒，否則它們將再度生起，甚至比以前更強大。

96

如果你無法堅持不懈，你將無法成佛，

聽瑞的人們啊，

確定自己披上堅持不懈的盔甲。

勤勉精進是修行的生命力。釋迦牟尼經過了三大阿僧祇劫的堅持不懈，並且投生成為一個準備犧牲一切來領受佛法的偉大國王七十一次，最後成佛。他超凡的加持力量，即是他從這些努力當中所獲得的功德之果。

密勒日巴尊者——意志堅決的修行者的典型——以及其他偉大的證悟大師，也是經由不斷的精進修持，才獲致證悟。一個不能精進勤勉的禪修者，如同一個沒有貼身護衛的國王，是敵人——懶散和負面情緒——輕易下手的目標；解脫之戰即將落敗。披上勤勉精進的盔甲，不要延遲，並和懶散一決勝負。

97

串習是一再造訪我們的老友，

聽瑞的人們啊，

不要持續重蹈覆轍。

壞習慣是強大而危險狡詐的。它們之所以強大，乃是因為它們在過去無數的生世中根深蒂固；它們之所以危險狡詐，乃是因為在它們可愛迷人的外表下，可以讓你步上毀滅。相反的，當你仍然是一個修行道上的初學者時，你的好習慣是微弱且膽怯的。

由於上師的仁慈，信心、熱忱和堅持不懈的芽蕾已開始在你的心中萌芽成長。然而，在面對險惡的外在環境時，它們是脆弱的。如同一個毫無經驗的新兵面對精通武術的傭兵，好習慣不是壞習慣的對手。你可能會繼續像過去一樣積聚財物，偏愛那些親近你的人，同時努力要超越你的競爭對手等等，一如在你之前世世代代的人們所做的一般。因此，你一直陷在永無止境且毫無用處的活動之中。

你或許已經領受了獲得解脫的所有必要教導，但如果你欠缺警覺，繼續屈服於壞習慣，你將兩手空空、充滿悔恨地前往來世，如同一個商人粗心大意地用低價售出一個無價的傳家寶，最後破產。唯有透過持之以恆的訓練，你才能獲得穩定的修持，並且能夠充滿信心、冷靜沉著地面對負面串習。

98

如果你的領會和了悟是薄弱的，向上師祈請，

聽瑞的人們啊，

如此，深刻的禪定將在你的心中誕生。

有時候，你可能會感到挫折沮喪；你的修行沒有成果，你擔心你的修行永遠不會穩固。似乎沒有一件事是對的。你問自己，去修持另一個法門是否會有比較快速的進展。在疑慮和猶豫的時刻，如果在你的內心深處湧現對上師深刻熱切的虔誠心，橫阻在前的障礙將會消失，你的修行也將受到鼓舞提振。不動搖的信心和虔誠心，如同一面可以收聚陽光的放大鏡，能夠輕易地使一堆乾草燃起火焰。

在修道上的真實進展，來自上師的加持，以及你的虔誠心所點燃的加持。在過去偉大的上師之中，大多數都是透過對上師的虔誠心而獲致證悟。舉例來說，一些岡波巴大師的弟子的虔誠心是如此巨大，他們僅僅注視著岡波巴大師居住的達拉岡波山（Dagla Gampo），就了悟了心的本質。

99

如果你想要在未來獲得安樂，你要接受眼前的考驗，

聽瑞的人們啊，

成佛就在你的身旁。

誰知道在今生以後，你會發現自己變成哪一種眾生？目前，你可能會覺得自己很難忍受饑、渴、寒、熱，但是相較於你在來世可能要面對的痛苦，這些困境都是較微小且次要的。從現在開始，準備迎接修持佛法所獲得解脫之不變大樂。

如果你忽視來世的前景——甚或懷疑來世有除了人身之外的存在狀態——並堅持追求世俗的目標，你將浪費你的精力，以及人身所有珍貴的潛能。如果你認真專一地追求，成佛即在不遠處。成佛即在你的心中。成佛即在此時此地，即在當下的本然清新（primordial freshness of the present instant）。它是每一個眾生與生俱來的品質。

富有的人投資本錢來增加財富，守財奴卻囤積本錢，得不到金錢所帶來的利益。佛性是你本俱的寶藏。是否用這個寶藏來創造財富，取決於你。

100

這個年邁的印度大師將不會留在聽瑞,他將遠離,

聽瑞的人們啊,

此時此刻,你必須釐清你的疑慮。

帕當巴,這位年邁的印度大師,警告他的弟子,他的時日有限。你
也應該從上師和弟子之間的短暫交會中獲益,領受上師的教導,釐
清你的疑慮。

IOI

我自己曾經專一地修行，

聽瑞的人們啊，

你們也應該以我為榜樣。

帕當巴・桑傑捨棄了所有世俗的活動，證得了金剛乘共與不共的成就。他了悟心的究竟本質，利益無數眾生。他超越了一切的散漫和迷妄。《修行百頌》是他內在證悟的展現。如果你正在追尋心靈的轉化，那麼以過去證悟者的生平做為你的模範。如果你以帕當巴・桑傑為榜樣，那麼毫無疑問的，你也能夠證得他的證量。它完全取決於你的努力。願你的心充滿那樣的熱望！

帕當巴・桑傑對聽瑞鄉人宣說的心靈證言 ——《修行百頌》，於此圓滿。

附錄

附錄一：註釋

❶ 「平息痛苦」（Pacification of Suffering）這個法教由帕當巴·桑傑（？—1117）傳入西藏。它們是以《般若波羅密經》（Prajnaparamita）為基礎。與這些法教相關的修行法門「倔」（cho，藏文拼音gcod，即施身法），由偉大的瑜伽女瑪奇·拉準（Machik Labdron，1055—1153）引進西藏。「倔」意指「去斬斷」。這個修行法門的目標是，斬斷相信自我和現象是真實存在的信念，以及其他形式的執著。這個修行法門的其中一個部分，是觀想我們把自己的身體供養給四「賓客」。這四種賓客分別是：
- 值得我們尊敬和生起信心的三寶和諸佛菩薩。
- 具有殊勝品質的護法。
- 需要我們慈悲對待的一切眾生。
- 冤親債主和邪魔力量。

❷ 這個比喻源自西藏牧民的生活。西藏牧民把自製的奶油存放在羊皮製的容器中，因此羊毛常常混入奶油。當一根毛髮從奶油中抽出時，它不沾附一滴奶油，並在原處留下空洞的痕跡。

❸ 真諦（words of truth）是佛教簡明扼要、強而有力的基本原則。以下是一些範例：
「不要從事最微小的惡行，
圓滿無暇地修持善行，

徹底地調伏你的心，

此即佛陀的法教。」

「一切事物皆無常，

一切貪愛皆苦，

一切現象皆無真實存在，

唯有涅槃超越痛苦。」

❹　水供食子和煙供是供養給四賓客的（見註釋一）。水供食子是用
純水混合牛奶和麵粉製成。焚燒食物的煙供，是焚燒麵粉混合
了「三白」（牛奶、奶油和乳酪）、「三甜」（糖、蜂蜜和糖蜜）
和加持物的供品。在從事這些供養的時候，觀想慈悲的觀世音
以Kasarpani的身相顯現，同時持誦他的咒語：嗡嘛呢唄美吽啥
（Om mani padme hum hri）。

❺　中陰（bardo）意指「過渡狀態」，通常是指從死亡到投生之間
的時期。更精確地說，中陰有六種：
　・今生的中陰。
　・禪定的中陰。
　・夢境的中陰。
　・死亡的中陰。
　・究竟實相的明光中陰。

．投生的中陰。

❻ 見註釋❷。

❼ 根據佛教的宇宙觀，須彌山和四大部洲、八小洲，以及環繞在它們外圍的七大洋，座落在一個黃金地基之上。

❽ 世間八法是指利、衰、毀、譽、稱、譏、苦、樂。

❾ 三身是佛性的面向或特點，可以被視為一身、二身、三身、四身或五身。唯一的一身，即是成佛。二身是指法身（或究竟身）和色身。三身是指法身、報身和化身。法身、報身和化身分別對應佛之意、語和身，並以五智的形式展現。

❿ 人身可以被浪費在無意義的追求之上，或全心尋求證悟。唯有當人身具足修持佛法的自由及其他必要順緣（即暇滿人身），才能夠被視為稀有難得。

⓫ 五濁惡世譯自梵文「Kaliyuga」，意指殘破時期或黑暗時期。它是一個殘餘的時代，久遠黃金時期的圓滿，只剩下毀墮的殘跡。尤其以下列五種衰敗為甚：命濁——壽命減少；劫濁——環境惡化；見濁——眾生見解的毀壞；眾生濁——才能退失；

煩惱濁——煩惱障增多。

⓬ 參見寂天大師（Shantideva），蓮師翻譯小組翻譯，《入菩薩行論》（The Way of Bodhisattva），美國波士頓，香巴拉出版社（Shambhala Publications），一九九七年。

附錄二：詞彙解釋

Absolute truth

勝義諦（don dam bden pa）：心的究竟本質，以及所有現象的真實狀態。這種狀態超越所有概念之造作和二元分立；唯有本初智慧才能了悟這種狀態。這是證悟者看待事物的方式。

Accomplishment

成就（〔1〕dngos grub，梵文siddhi；〔2〕sgrub pa）：（1）透過修行所獲得的成果。共的成就可以是超自然的力量，但在這本書中，「成就」這個詞彙幾乎都是指不共的成就，也就是證悟。（2）在持誦咒語方面的成就。

Actions

行為、業（las）：為了其他人的安樂而從事的行為，被定義為正面的行為或善行；為其他人和自己帶來痛苦的行為，被定義為負面或不善的行為。每一個行為，不論是身、語或意的行為，都像一個種子，會讓我們在今生或來世嘗到後果。

Afflictive mental factors, negative emotions

煩惱、負面的情緒（nyon mongs，梵文klesha）：一切源自我執的心智活動會擾亂和矇蔽我們的心。貪、瞋、癡、慢、疑是五種主要的煩惱，有時被稱為「五毒」。它們是造成眼前痛苦和長期痛苦的主要原因。

Aggregates

蘊（spung po，梵文skandha）：字面意義為「堆積」、「聚集」或「事件」。五蘊是指色、受、想、行、識。人是由五蘊所構成。當五蘊聚合在一起的時候，「自我」的幻象就在無明的心中生起。

Appearances

表象（snang ba）：外在現象世界。雖然這些現象似乎擁有真實存在的實體，但它們的究竟本質是空性。隨著我們在證悟道上所獲得的不同層次的進展，我們了知現象的方式也逐漸產生轉變。

Awareness

明覺，純然明覺（rig pa）： 無二無別之心的究竟本質，完全離於迷妄。

Bardo

中陰：藏文意指「中間的狀態」。這個詞彙最常被用來指介於死亡和投生之間的狀態。事實上，在人類的經驗之中，包含六種中陰：今生的中陰、禪定的中陰、夢境的中陰、死亡的中陰、究竟實相的明光中陰，以及投生的中陰。前三種中陰在人的一生當中呈現。後三種中陰則是指死亡和投生的過程；這個過程在受孕投生之初終止。

Bodhichitta

菩提心（byang chub kyi sems）：字面意義為「證悟之心」。在究竟的層次，菩提心是指為了一切眾生而證悟成佛的願望，以及為了達到這個目標而修持慈悲和六度波羅密等等。在究竟的層次，菩提心是指對究竟自性的直觀。

Bodhisattva

菩薩（byang chub sems dpa'）：出於悲心，為了一切眾生而努力獲得完全證悟之人。

Buddha Nature

佛性（bde gshegs snying po）：它不是一個「實體」，而是心的究竟本質，離於無明的障蔽。每一個有情眾生都能夠透過了悟心的本質，而展現佛性。在某種程度上，佛性是每一個有情眾生的「本初善性」（primordial goodness）。

Buddha

佛（sang rgyas）：去除了二障並圓滿二智的人。「二障」是指煩惱障和無明障（這是一種分別的概念和想法，使我們無法全知）。「二智」是指了知心和現象之究竟本質的智慧，以及了知現象之多元性的智慧。

Clinging, grasping, attachment

執著（don dam bden pa）：執著有兩個主要的層面：執著於自我的
真實存在，以及執著於外在現象的真實存在。

Compassion

悲心（snying rje）：希望一切眾生離苦及苦因（負面的行為和無明）
的願望。悲心和慈心（願一切眾生得樂及樂因）、喜心（隨喜他人
的功德）、捨心（把前三種態度擴及一切眾生，不分對方是朋友、
敵人或陌生人）相輔相成。

Consciousness

識（rnam shes）：佛教把「識」區分為各種不同的層次：粗識、細
微之識和極細微之識。粗識是指腦部的活動。第二種細微之識，我
們直覺上稱之為「識」，能夠了知其自身，探究自身之本質，並行
使自由意志。第三種也是最重要的一種，被稱為「心之根本明光」
（fundamental luminosity of mind）。

Dharma

法、佛法（chos）：這個梵文詞彙一般是指佛陀的法教。「所傳之
法」（Dharma of transmission）是指所有實際傳授的法教，不論是口
語的或書寫的。「所悟之法」（Dharma of realization）是指從實修這
些法教所獲得的心靈品德。

Duality, dualistic perception

對立、分立的見解（gnyis 'dzin）：未證悟之眾生的一般見解。這種對現象的見解是就主體（根識）和客體（心象和外境）而言，所了解的現象，以及相信這些現象是真實存在的。

Ego, "I"

自我，我（bdag）：我們不去認清這個事實——我們是一條永不止息的轉化之流，並和其他眾生及整個世界相互依存，而去想像自己之內有一個不變的存在實體；這個實體造就了我們，我們必須保護它，取悅它。經過徹底地分析這個自我之後，我們會發現，它是心所虛構造作出來的。

Emptiness

空性（stong pa nyid）：現象的究竟本質，也就是說，現象缺乏固有的存在。對空性有了究竟的了悟，同時便能自然生起對有情眾生的無量悲心。

Enlightenment

證悟（sangs rgyas）：「成佛」（Buddhahood）的同義字。修行的究竟成就。圓滿的內在智慧結合了無限的悲心。圓滿了悟心和現象的究竟本質，也就是這兩者的相對存在（其表象）和絕對自性（其本貌）。這樣的了悟是對治無明的重要解藥，也是對治痛苦的解藥。

Existence, true, intrinsic, or reality

真實存在（bden 'dzin）：現象的屬性，意指現象是獨立的客體，是自行存在的，並擁有與生俱來的屬性。

Habitual tendencies

串習（bag chags）：一個人在過去生世從事的行為所創造出來的身、語、意的習慣模式。

Ignorance

無明（ma rig pa）：看待眾生和事物的錯誤方法，認為眾生和事物是真實存在的、獨立自主的、堅實的，以及與生俱來的。

Illusion

迷妄（khrul pa）：因無明而產生的所有凡俗見解。

Impermanence

無常（mi rtag pa）：它有兩個層面：粗重的無常是指看得見的變化；細微的無常則是指沒有任何事物可以維持不變，甚至在可以想像到的最短暫的時刻，也無法維持不變。

Interdependence or "dependent origination"

緣起、相互依存（rten cing 'brel bar 'byung ba）：佛法法教的一個重

要的基礎原則。根據這個原則，現象不是獨立存在的實體，而是相互依存的因緣聚合。

Kalpa

劫（bskal pa）：一大劫是指宇宙從形成到毀滅的一個循環；被分成八十個中劫。而每一個中劫有兩小劫，其一為壽命增長的時期，其二為壽命遞減的時期。

Karma

業（las）：此梵文意指「行為」，指與我們的身、語、意相關的因果法則。根據佛陀的法教，眾生的命運、安樂、痛苦，以及對世界的看法，既不是機緣運氣的結果，也不是出自全能的存在者的意志。它們都是先前行為的結果。同樣的，眾生的未來取決於他們目前行為的善惡。而業也區分為共業和不共業。共業是指我們對周遭世界的一般看法；不共業則決定我們個人的經驗。

Lama

喇嘛（bla ma，梵文guru）：（1）上師，是「無上」（bla na med pa）這個字的簡稱；（2）常被用來泛稱佛教僧侶或瑜伽士。

Liberation

解脫（thar pa）：離於痛苦和輪迴，但仍然不是完全證悟的狀態。

Lower realms

下三道（ngan song）：地獄道、餓鬼道和畜牲道。

Meditation

禪修（sgom）：對現象產生新的見解，並加以熟悉的過程。禪修區分為「分析式的禪修」（觀）和「沉思式的禪修」（止）。前者觀修的對象可以是一個要去研究分析的重點（例如，無常的見解），或我們想要去培養的品質（例如，慈悲）。後者能夠使我們認清心的究竟本質，並安住在這種超越概念的了悟之中。

Merit

功德（bsod nams，梵文punya）：善業，由身、語、意的善行所產生的能量。

Middle Way

中觀（dbu ma，梵文madhyamika）：更高形式的佛教哲理，之所以如此稱呼，乃是因為它避免了兩個極端：虛無主義（斷見）和相信現象真實存在（常見）。

Mind

心（sems）：參見詞彙解釋「識」。就佛教而言，無明和迷妄是心的一般特徵。一連串的意識剎那，賦予了心是相續不斷的表象。在究

竟上，心有三個層面：空性、明性和自然生成的慈悲。

Nirvana

涅槃（myang 'das）：「超越痛苦」，證悟的不同層次，取決於我們是從聲聞乘或大乘的觀點來看。

Obscurations

障、障蔽（sgrib pa，梵文avarana）：遮蔽一個人的佛性的因素。

Path

道（lam）：能夠讓一個人從輪迴解脫，證悟成佛的訓練。

Phenomena

現象，法（snang ba）：透過感官認知和心智活動而在心中顯現的事物。

Rebith, reincarnation

投生、轉世（skyes）：意識流所經驗到的死亡、中陰和出生的連續狀態。

Refuge

皈依（skyabs yul, skyabs' gro）：前者指一個人皈依的對象；後者指

皈依的修行法門。

Relative truth

世俗諦（kun rdzob bden pa）：字面意義為「隱蔽一切的真理」（all-concealing truth）。這是指，就一般的經驗來看，現象被認為是真實的，和心是有分別的，因而遮蔽了現象的真實本質。

Samsara

輪迴（'khor ba）：存在之輪或存在之循環。尚未證悟的狀態；在這種狀態之中，心被貪、瞋、癡三毒所奴役，無法控制地從一個狀態到另一個狀態，經歷身心的無盡痛苦之流。唯有當一個人了悟現象的空性，才能去除心之障蔽，從輪迴中解脫。

Suffering

痛苦（sdug bsngal）：四聖諦之第一聖諦。四聖諦為（一）苦諦——在輪迴中的眾生皆苦；（二）集諦——痛苦之因，我們必須根除的負面情緒；（三）滅諦——痛苦之止息，修行的成果或證悟的狀態；（四）道諦——為了獲得解脫，而必須採取的修行道路。

Sutra

經（mdo）：釋迦牟尼佛所說的話，被其弟子謄寫為文字。

Thoughts, discursive

念頭、散漫的念頭（rnam par thog pa）：受無明和相對實相所影響的念頭之連結。

Three Jewels

三寶（dkon mchog gsum，梵文triratna）：佛、法、僧。

Three poisons

三毒（dug gsum）：貪、瞋、癡三種負面情緒。

View, meditation and action

見、修、行（lta, sgom, spyod pa）：對空性的見解必須透過禪修來融入我們的心，最後必須以利他的行為和究竟證悟的事業來展現。

Wisdom

智慧（shes rab, ye shes）：（一）正確分辨、察覺的能力，對空性的了悟；（二）對心之本質的本然、無分別的了知。

附錄三：修行百頌藏中對照

ན་མོ་གུ་རུ། །

སྐལ་ལྡན་དེ་རིར་ཚོགས་པའི་རྣལ་འབྱོར་ཀུན། །
རྗེ་བླ་མ་དགྱེས་པོ་གསར་པར་མི་འགྱུར་བཞིན། །
ཚེ་ཟད་ནས་པ་སླ་བས་བན་མི་འགྱུར། །

ཚེས་ཀྱང་འགྲོ་དགོས་འཇིག་རྟེན་སྟེང་མི། །
རྒྱུ་བ་ན་ཐམས་ཅད་རྒྱུ་མཚོར་སྒྱོགས་པ་བཞིན། །
སེམས་ཅན་ཐམས་ཅད་འགྲོ་བ་འདི་རང་ཡིན། །

སྟོན་ཤི་བ་ནས་ནི་བྱེ་བུ་རྒྱུ་འཕུར་བ་བཞིན། །
ཡུན་རེ་ང་མི་སྟོང་པོ་ས་སྐྱས་ཤིག་འདག །

,

དངེས་དོན་མེད་སྟོང་པོ་གསུམ་གྱུར་ན། །
མི་ལུས་ཐྱིན་མ་དགའ་དེ་རིང་ར་བ། །

,

ལུས་ངག་ཡིད་གསུམ་ད་མ་པའི་ཚོས་ལ་འབུངས། །
ལས་ཀྱི་ར་བ་ཏུ་འབྱུར་རེ་རིང་ར་བ། །

向上師頂禮！

薈聚在聽瑞的幸運行者們，聽啊！

如同破爛之舊衣無法恢復原有的新貌，

一旦你患了不治之症，向醫師求診是無用的。

你必須離開。

我們人類活在這個世間，

如同溪流河川流向海洋般，

所有眾生都朝向同一個目的地前進。

此刻，如同一隻飛離樹梢的小鳥，

我也將不會在此地太久；很快地，我必須離開。

1

如果你們虛度此生，空手離開世間，

聽瑞的人們啊，

那麼在未來，人身將非常難尋。

2

把身、語、意全用於實修殊勝的法教，

聽瑞的人們啊，

這是你們所能從事的最美好的事物。

༣

བློ་སྦྱོང་བྱང་གསུམ་དགོན་མ་ཆོག་གསུམ་ལ་གཏོད། །

ཉི་ཚེ་བས་ཤུགས་ལས་འབྱུང་བོ་དེ་དེ་རི་ཀ །

༤

ཚེ་འདི་སློས་ཐོངས་ཀྱི་མ་དོན་དུ་གཉེར། །

འདུན་མའི་རྗེ་མོ་པ་འགྱུར་རོ་དེ་དེ་རི་ཀ །

༥

བཟའ་ཚང་མི་རྟག་ཆོང་དུས་མགྲོན་པོ་འདྲ། །

དངོས་དགའ་འཕབ་མོ་མ་བྱེད་དེ་དེ་རི་ཀ །

༦

ནོར་རྫས་སྒྱུ་མ་ལྟ་བུའི་བསྒྲུ་བྱེད་ཁ། །

མེར་སྐྱེའི་མདུད་པས་མ་བཅིངས་དེ་དེ་རི་ཀ །

༧

ཕུང་པོ་མི་གཙང་རྫས་ཀྱི་རྒྱལ་པ་ལ། །

བཟང་འདོད་ཕྱི་བདར་མ་ཆེ་དེ་དེ་རི་ཀ །

3

把今生的身、心、靈獻給三寶，

聽瑞的人們啊，

來自三寶的加持必會生起。

4

忘卻今生的目標，轉而把焦點集中於來世，

聽瑞的人們啊，

那才是最崇高的目標。

5

家人如同市集上的人群般短暫，

聽瑞的人們啊，

切勿爭鬥鬩牆。

6

錢財如同魔術表演，不過是誘惑與欺騙，

聽瑞的人們啊，

切勿被貪欲的繩結繫縛綑綁。

7

身體只是一個盛裝各種污物的皮囊，

聽瑞的人們啊，

切勿嬌養它，裝扮它。

༨

གཅིན་བཤེས་སྐྱ་མ་ལྷ་བུའི་བདེན་མེད་ལ། །

གདུང་སེམས་འཕྲིབ་ཆེ་ཉིང་རེ་བ། །

༩

ཡུལ་ཞིང་འགྲོག་པའི་ཞིང་ས་ལྷ་བུ། །

ཞེན་ཅིང་ཆགས་པར་མ་བྱེད་ཉིང་རེ་བ། །

༡༠

ཕམ་རེ་གས་དུ་ག་སེམས་ཆ་ཏྲིན་ཆན་ལ། །

དང་བ་དག་ཅུ་མ་བཟུང་ཉིང་རེ་བ། །

༡༡

སྐྱེ་བའི་ནང་པར་འཆི་བའི་ཕྱུ་བྱུང་བས། །

ལོང་མེ་དཀྲུང་ལ་ཁོལ་ཆིག་ཉིང་རེ་བ། །

༡༢

འཁྲུལ་པ་གཞི་ལ་མེད་དེ་སྒྲོ་བུར་གྱུར། །

ཉིད་མ་འབན་མཆན་ཉིད་ལྷོས་ཤིག་ཉིང་རེ་བ། །

8

家人朋友不比一場魔術表演來得真實，

聽瑞的人們啊，

切勿被自己對親友的喜愛所束縛。

9

故鄉和土地如同牧民的放牧地，

聽瑞的人們啊，

切勿深深執著。

10

六道輪迴中的眾生都曾是照料過你的父母，

聽瑞的人們啊，

切勿對他們生起「我」和「我的」的想法。

11

你出生那天，死亡便開始接近

聽瑞的人們啊，

切記，沒有任何時間是可以揮霍浪費的。

12

從根本而言，沒有所謂的迷妄，它的生起只是暫時的，

聽瑞的人們啊，

檢視造成迷妄生起的原因的本質。

༧༣

ཡེ་ནས་པ་མེད་པར་དག་པའི་ཚོས་ལ་འབུངས། །
ཀུན་ནས་ལས་སྐྱ་འཇེ་ནོ་དོ་ང་རེ་བ། །

༧༤

ལས་ཀྱི་རྣམ་སྨིན་ཚུ་འབྲས་བ་ནེ་ནར་ངེས། །
མི་དགེ་སྤྱིག་ལ་འཛེམས་ཤིག་དོ་ང་རེ་བ། །

༧༥

བྱས་པའི་ལས་རྣམས་ཆུ་ལས་ཡུལ་བཞིན་བཞག །
བྱར་མེད་རྒྱས་སུ་ཡོ་བཞིག་དོ་ང་རེ་བ། །

༧༦

གང་ལ་ཞེན་པ་བྱུང་ན་དེ་ཡང་ཐོངས། །
ཅིས་ཀྱང་དགོས་པ་མེད་དོ་དོ་ང་རེ་བ། །

༧༧

འཆི་ག་དེན་འདི་ར་གཏན་དུ་མི་སྡོད་པས། །
འགྲོ་ཆོས་དང་ལྷུ་གྱིས་ཤིག་དོ་ང་རེ་བ། །

13

心無旁鶩地專注於修持殊勝的佛法，

聽瑞的人們啊，

它將在死亡之後引導你。

14

因果業報的眞理必然使行爲結出果實，

聽瑞的人們啊，

避免所有負面與邪惡的行爲。

15

把所有事務留在身後，猶如南柯一夢，

聽瑞的人們啊，

只要把「無爲」付諸實修。

16

放下凡是你所執著的事物，

聽瑞的人們啊，

沒有任何一件事物是你需要的。

17

既然你不會永遠留在這個世間，

聽瑞的人們啊，

那麼現在就開始準備你的旅程。

༨

བྱེལ་དོན་ཚ་རྣས་ཚོས་ལ་ཕྱིན་པ་མེད། །

དུན་པའི་ཚེ་ན་རྒྱགས་ཤིག་དང་རི་བ། །

༩

ངགས་ཀྱིན་དུ་སྒྲུ་འི་སྐྱེ་འདོ་དན། །

ངགས་ལཁནར་མེ་ཡིས་འཁོར་རོ་དིང་རི་བ། །

༡༠

སྙེན་ནས་འཚེ་འི་རྒྱ་ལར་ར་རྣམ་མེད། །

གྲུ་གཟིངས་ཚགས་སུ་ཚུད་དམ་དིང་རི་བ། །

༢༡

སྟེ་ཚེ་བར་དོ་འི་སྣུག་འཐེང་དམ་པོ། །

ཉིན་མོ་ངས་དུ་གའི་ལྡི་ཞགས་ལ་སྐྲུགས་པར་ཞེ། །

སྟེ་ལ་སྣ་ཟླ་ཚོལ་ཚིག་དིང་རི་བ། །

༣༣

སྐྱབས་གཉས་བསྐྱབ་མེད་པ་ལྷ་ལ་ཡིན། །

འབྲལ་མེད་གཏུག་ཏུ་ཁུར་ཚིག་དིང་རི་བ། །

18

如果你要先去完成你必須做的事，你將永遠不會接近佛法；

聽瑞的人們啊，

當你想到佛法的時候，立刻起而修行。

19

在森林內部，猴子可能快樂安適地活著，

聽瑞的人們啊，

但森林外圍的火焰正在逼近。

20

生、老、病、死是一條沒有橋樑或淺灘的河流，

聽瑞的人們啊，

把船準備好了嗎？

21

在生、死與中陰的狹道上，

盜匪——五毒——等著突襲你，

聽瑞的人們啊，

把上師當做你的護衛。

22

上師是永遠可靠的皈依對象，

聽瑞的人們啊，

時時觀想上師在你的頭頂之上。

༡༣

བླམར་སྐྱབས་ནས་གར་འདོར་མར་ཏུ་སྐྱོབས། །

གང་བྱུང་ཚོས་གུས་སྐྱེད་ཅིག་དེང་རི་བ། །

༡༤

གནང་བ་ནོར་ཡོད་དེ་ལ་མེར་སྐུ་ཡོད། །

སྐྱོན་པ་འཕྱུགས་མེད་ཐོངས་ཤིག་དེང་རི་བ། །

༡༥

གནང་ལ་དབང་ཡོད་དེ་ལ་སྒྲིག་ལ་ཡོང་། །

ཁ་དྲག་དབང་འདོར་སྒྲོངས་ཤིག་དེང་རི་བ། །

༡༦

ཁ་དྲག་ནོར་མང་ཚན་ལ་བདེ་བ་མེད། །

ཕོར་བ་ཅུ་བུང་ལ་ཁྲིམས་ཤིག་དེང་རི་བ། །

༡༧

འཛིག་རྟེན་མི་ཡི་ཡུལ་ལ་གཏན་བཤེས་མེད། །

བློ་གཏད་ཆོས་ལ་གྱིས་ཤིག་དེང་རི་བ། །

23

如果上師是你的依怙，你將到達任何你想要到達之處，

聽瑞的人們啊，

對上師生起虔敬心，做爲踏上道途的盤纏。

24

那些富裕之人也會吝嗇貪婪，

聽瑞的人們啊，

慷慨地施予，不要有所分別。

25

擁有權勢的人也會行事邪惡，

聽瑞的人們啊，

揚棄追求地位與權勢的所有慾望。

26

那些擁有地位和財富的人永不安樂，

聽瑞的人們啊，

（擁有地位和財富的人）準備痛苦地搥胸頓足吧。

27

在下一個世界中，既沒有家人，也沒有朋友，

聽瑞的人們啊，

把信心寄託於佛法之上。

༣༥

ཡེངས་མ་ལག་ལག་དལ་འབྱོར་མི་ཚོ་ཟད། །

གྲོས་ཐག་ད་ལྟ་ཆོད་ཅིག་དེ་རིང་ཁ། །

༣༦

ཡེང་བའི་བར་ལ་འཆི་བདག་བདུད་ཀྱིས་ཟིན། །

ད་ལྟ་ཉིད་ནས་སྒྲུབས་ཤིག་དེ་རིང་ཁ། །

༣༠

འཆི་བདག་བདུད་ནི་ཨ་འོང་ཚ་མེད་པས། །

མ་གོ་ཐོན་འཕྲལ་ལ་དུ་གྱིས་ཤིག་དེ་རིང་ཁ། །

༣༧

ཤི་བའི་ཉིན་པར་སུས་ཀྱང་མི་སྐྱོབས་པས། །

རང་མགོ་རང་གིས་འདོན་ཅིག་དེ་རིང་ཁ། །

༣༨

འཆི་བར་བསམས་ན་ཅིས་ཀྱང་དགོས་པ་མེད། །

ཡིད་ལ་དྲན་པར་གྱིས་ཤིག་དེ་རིང་ཁ། །

28

如果你漫無目的，你將浪費人身之暇滿，

聽瑞的人們啊，

此時此刻立定決心。

29

死神將在你心思散漫的時候擄獲你，

聽瑞的人們啊，

從當下開始修行。

30

死神將在何時現身？我們無法得知，

聽瑞的人們啊，

你要時時刻刻提高警覺。

31

你死亡的那一天，沒有人能夠護衛你，

聽瑞的人們啊，

你要做好仰賴自己的準備。

32

如果你觀照死亡，你將發現你不需要任何事物，

聽瑞的人們啊，

把死亡時時刻刻記在心頭。

༣༣

ཅི་མ་ཐུབ་པའི་གྲིབ་སོ་ཇི་བཞིན་དུ། །

འཆི་བདག་བདུད་དེ་མི་སྟོད་ཆུ་ར་ཆུ་ར་འོངས། །

དེ་ཡ་མ་གྲོགས་པར་བྲོས་ཤིག་དྲང་རི་བ། །

༣༤

མེ་ཏོག་སྣུ་ལོ་ཡག་ཀྱང་གྲི་ལོ་སྐྱས། །

ལུས་པ་བློ་གཏང་མེད་དོ་དྲང་རི་བ། །

༣༥

གསོ་ནར་པའི་དུས་སུ་ཀླུ་ཡི་བུ་དང་ཡང་། །

གཡེན་གྱི་དུས་སུ་བདུད་ཀྱི་དམག་ལས་འཇིགས། །

སྒྱུ་མའི་ལུས་འདིས་བསླུ་བའི་དྲང་རི་བ། །

༣༦

ཚོང་དུས་མ་གྲོན་པོ་ཚོང་ཐེན་ནང་པར་གྱེས། །

གྲོགས་ཀྱིས་འབོར་བར་འདས་སོ་དྲང་རི་བ། །

༣༧

སྒྱུ་མའི་མཐོ་ལོར་ཆེས་ཀྱང་འགྲེལ་འདས་པས། །

ཇེན་འབྲེལ་ད་ལྟ་སྒྲིགས་ཤིག་དྲང་རི་བ། །

33

如同隨著夕陽漸漸西下而拉長的陰影，死神毫不留情地逼近，

聽瑞的人們啊，

趕快！遠離死亡！。

34

早晨迷人的花朵，到了夜幕低垂時就會凋萎，

聽瑞的人們啊，

不要把希望寄託在你的肉體之上。

35

即使它們活著的時候，有如天之驕子，死時卻比惡魔還可怕，

聽瑞的人們啊，

你們已被這個虛幻的身體愚弄。

36

前來市集的人們，完成交易之後就會消散，

聽瑞的人們啊，

無疑地，你的朋友也將離你而去。

37

這個由魔術變化出來的稻草人註定會破敗不堪，

聽瑞的人們啊，

此刻即按因果法則來行事。

༣༨

སེམས་ཀྱི་བྱ་རྟོག་རྣམ་ཡང་འཕུར་བར་ངེས། །
གནམ་འཕང་དང་ལྟ་ཆེད་ཅིག་དི་ང་རེ་བ། །

༣༩

རི་གས་དྲུག་ཕ་མ་སེམས་ཅན་དྲིན་ཅན་ལ། །
ཕྱམས་དང་སྙིང་རྗེ་སྐྱོམས་ཤིག་དི་ང་རེ་བ། །

༤༠

དགྲ་སྡང་འཁོར་བ་ལས་ཀྱི་འཁྲུལ་སྣང་བ། །
ཞེ་སྡང་གདུག་སེམས་སྐྱུར་ཅིག་དི་ང་རེ་བ། །

༤༡

ཕྱག་དང་བསྐོར་བས་ལུས་ཀྱི་སྒྲིབ་པ་དག །
འཇིག་རྟེན་བྱ་བྱེད་སྤོངས་ཤིག་དི་ང་རེ་བ། །

༤༢

བཀྲེས་བཀྲོད་སྐྱབས་འགྲོས་ང་གི་སྒྲིབ་པ་འདག །
ཕམ་ལ་ལོང་གཏམ་སྤྲངས་ཤིག་དི་ང་རེ་བ། །

38

可以肯定的，心靈之鷹有朝一日終將飛離，

聽瑞的人們啊，

當下即是準備振翅高飛的時機。

39

六道眾生都曾如父母般愛護你，

聽瑞的人們啊，

對他們生起愛與慈悲。

40

對敵人生起的瞋恨，是由業行所造成的輪迴幻覺，

聽瑞的人們啊，

轉化你充滿瞋恨和敵意的心。

41

大禮拜和繞行可以清淨身的業障，

聽瑞的人們啊，

放棄所有世俗的身體勞動。

42

持頌咒語和皈依可以清淨語的業障

聽瑞的人們啊，

放棄所有庸俗的對話。

༧༢

མོས་གུས་གདུང་བས་ཡིད་ཀྱི་བག་ཆགས་བདག །
ཐུབ་སྤྱི་བོར་སྒོམས་ཤིག་དི་རི་བ། །

༧༣

ལྷུན་ཅིག་སྐྱེས་པའི་ཤ་རུ་ས་འཕྲུལ་བར་ངེས། །
ཚེ་ལ་ཏག་པར་མ་འཛིན་དི་རི་བ། །

༧༤

ཡུལ་གྱི་ངམ་པ་གཤུག་མའི་གཏན་ཡུལ་ཟུངས། །
དེ་ལ་འཕོ་འགྱུར་མེད་དོ་དི་རི་བ། །

༧༥

ཆོར་གྱི་ངམ་པ་སེམས་བྱེད་གཏེར་ཆེན་སྒོན། །
དེ་ལ་ཟད་པ་མེད་དོ་དི་རི་བ། །

༧༦

རྣམ་གྱི་ངམ་པ་ཏིང་འཛིན་རོ་མཆོག་སྒོང་། །
བགྱེས་པའི་གདུང་བ་ཆོད་དོ་དི་རི་བ། །

43

強烈的虔誠心可以清淨心的串習，

聽瑞的人們啊，

禪觀你頂上的上師。

44

肌肉和骨骼雖然一起生成，但最後肯定要分離，

聽瑞的人們啊，

不要認爲你將長生不死。

45

獲取最殊勝的國土——不變之本然狀態，

聽瑞的人們啊，

在這片土地之上，沒有任何過渡或變遷。

46

享受最殊勝的財富——本然心性的寶藏，

聽瑞的人們啊，

這是永不耗竭的寶藏。

47

品嘗最殊勝的佳餚——禪定的細膩滋味，

聽瑞的人們啊，

它可以消除饑餓的痛苦。

༧

སྐོམ་གྱི་དམ་པ་དུ་བའི་བདུད་རྩི་འཐུང་། །

དེ་ལ་རྒྱུ་ནུ་ཆད་མེད་དོ་དོ་ང་རི་བ། །

༦༨

གྲོགས་ཀྱི་དམ་པ་རིག་པའི་ཡེ་ཤེས་བརྟེན། །

དེ་ལ་འཕྲལ་བ་མེད་དོ་དོ་ང་རི་བ། །

༦༩

སྲས་ཀྱི་དམ་པ་རིག་པའི་ཁྱེའུ་ཆུང་སྐྱོལ། །

དེ་ལ་སྒྲོ་ཤི་མེད་དོ་དོ་ང་རི་བ། །

༧༠

སྟོང་པའི་དབང་དུ་རིག་པའི་མདུད་སྒྲོར་གྱིས། །

ལུབ་ཐོགས་དགས་མེད་དོ་དོ་ང་རི་བ། །

༧༡

དྲན་མེད་དང་དུ་ཡེངས་མེད་བྱུར་བྱོངས། །

སྐོམ་ལ་བྱེ་བྲོད་མེད་དོ་དོ་ང་རི་བ། །

48

飲用最殊勝的飲品——觀照的甘露，

聽瑞的人們啊，

它源源不絕，永不間斷。

49

仰賴最殊勝的友伴——本然明覺的智慧，

聽瑞的人們啊，

它絕對不會與你分離。

50

尋求最殊勝的子嗣——孺童般純然的明覺，

聽瑞的人們啊，

這樣的子嗣沒有出生，也沒有死亡。

51

在空性的狀態中，揮舞純然明覺之矛，

聽瑞的人們啊，

這種見地是不受一切所困的。

52

在沒有念頭的狀態下，毫不散漫地捨棄觀者，

聽瑞的人們啊，

這樣的禪修是離於昏沉或掉舉的。

༥༣

ཕུགས་འབྱུང་དང་ངས་འབགགས་མེད་རྩལ་སྦྱོང་གྱིས། །
སྤྱོད་པ་སྤང་བླང་མེད་དོ་ངིང་རེ་བ། །

༥༤

སྐྱུ་བཞི་དབྱེར་མེད་རང་གི་སེམས་ལ་རྟོགས། །
འཕྲས་བུ་རེ་དོགས་མེད་དེ་ངིང་རེ་བ། །

༥༥

འཕོ་བ་འདས་རྩ་བ་རང་གི་སེམས་ལ་ཕྱུག །
སེམས་ལ་དངོས་པོ་མེད་དེ་ངིང་རེ་བ། །

༥༦

ཚགས་སྤྱང་སྡུང་བུ་ལ་རྗེས་མེད་འདུ། །
ཉམས་ལ་ཞེན་པ་མེད་དོ་ངིང་རེ་བ། །

༥༧

ཚས་སྐུ་སྟོ་མེད་ཉི་མའི་སྡིང་པོ་འད། །
འོད་ཟེར་གསལ་ལ་འགྱིབ་མེད་དོ་ངིང་རེ་བ། །

53

在自然自生的狀態下，訓練自己離於任何執著，

聽瑞的人們啊，

沒有什麼是要捨棄或執取的。

54

不可分割的四身，皆圓滿成就於你的心中，

聽瑞的人們啊，

這樣的成果是超越所有的希望和疑慮的。

55

輪迴與涅槃的根源都存在於你的心中，

聽瑞的人們啊，

心是離於任何真實存在的。

56

貪愛和瞋恨會顯現，但它們應該如同鳥飛過一般不留痕跡，

聽瑞的人們啊，

禪修的時候，不要執著於任何覺受。

57

未生的究竟身如同太陽的核心，

聽瑞的人們啊，

它的光耀明性是沒有盈虧的。

༥༨

རྣམ་རྟོག་རྒྱུ་བལ་མགོ་བདེ་སྐྱོ་ཉམས་གནད་ད། །

དོན་ལ་ཕོབ་ཐོར་མེད་དོ་རི་རི་ར་བ། །

༥༩

ཚོར་བ་རྗེས་མེད་རྒྱུ་ཡི་རི་མོ་བད། །

འཁྱུལ་སྣང་རྗེས་འཛིན་མེད་དོ་རི་རི་ར་བ། །

༦༠

ཆགས་སྡང་དྲན་པ་རྣམ་མ་འི་འཆར་ཚོན་བད། །

ཞེན་ཆགས་དོས་བཟུང་མེད་དོ་རི་རི་ར་བ། །

༦༡

འགྱུར་བ་ང་སེམས་བར་སྣང་སྤྲིན་དང་འད། །

སེམས་ལ་གནས་གཏད་མེད་དོ་རི་རི་ར་བ། །

༦༢

འཛིན་མེད་རང་གྲོལ་སྐྱེ་མེ་ར་ལྷག་པ་འད། །

ཡུལ་ལ་ཞེན་པ་མེད་དོ་རི་རི་ར་བ། །

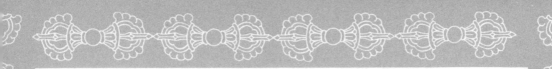

58

念頭像闖入一座空宅的小偷般來去，

聽瑞的人們啊，

沒有所謂的得失。

59

感官知覺如同在水上作畫，不會留下痕跡，

聽瑞的人們啊，

不要沉溺於迷妄的外相。

60

執著和憎恨的念頭如同天上的彩虹，

聽瑞的人們啊，

它們沒有什麼是可以被執取或捕捉的。

61

心的活動如同天空中的雲朵，會自行消失，

聽瑞的人們啊，

在心中沒有任何的參考點。

62

沒有執著，念頭像風一樣無拘無束，

聽瑞的人們啊，

像風一樣從不纏附於任何對境。

༦༣

རིག་པ་འཛིན་མེད་རྣམ་མཁའི་འཛར་ཆོན་འདྲ། །

ཧྲམས་ལ་ཕྲོགས་པ་མེད་དོ་དེ་ངང་རིག །

༦༤

ཚོམ་བུ་དང་རོ་ན་རྟོགས་ཀླུགས་པའི་ཀྱེ་ལྔས་འདྲ། །

ཚིག་དང་ཐ་སྣད་མེད་དོ་དེ་ངང་རིག །

༦༥

རྟོགས་པ་གཟའ་ཟིན་ཨ་ཡི་བདེ་བ་བཞིན། །

དགའ་བདེ་བརྗོད་དུ་མེད་དོ་དེ་ངང་རིག །

༦༦

གསལ་སྟོང་ཟུང་འཇུག་ཆུ་ཀྲུ་ཕར་བ་འདྲ། །

གང་ལ་ཆགས་ཕྲོགས་མེད་དོ་དེ་ངང་རིག །

༦༧

སྣང་སྟོང་དབྱེར་མེད་རྣམ་མཁའ་སྟོང་པ་འདྲ། །

སེམས་ལ་ལྷ་འཕར་དབུས་མེད་དོ་དེ་ངང་རིག །

63

純然明覺如同天空的彩虹一般沒有固著，

聽瑞的人們啊，

覺受的生起是暢行無阻的。

64

了悟究竟本質，如同一個啞巴所做的夢，

聽瑞的人們啊，

它是無法用言語來形容的。

65

「了悟」如同一個青春少女所擁有的歡悦，

聽瑞的人們啊，

那種歡悦和喜樂是無法言喻的。

66

明晰和空性雙運，如同月亮映照在水面之上，

聽瑞的人們啊，

沒有什麼是要去執著的，也沒有什麼是要去阻撓的。

67

無二無別的明晰和空性，如同虛空，

聽瑞的人們啊，

心既沒有中心，也沒有外圍。

༦༧

དྲན་མེད་ཡེངས་མེད་སྒྲིག་མོའི་མི་ལྤོ་བ་འདྲ། །
དེ་ལ་སྒྱུབ་མཐའ་བདེ་མེད་དོ་རིང་རི་བ། །

༦༨

རིག་སྟོང་དབྱེར་མེད་མེ་ལོང་གཟུགས་བརྙན་འདྲ། །
དེ་ལ་སྒྱུ་འགགས་མེད་དོ་རིང་རི་བ། །

༧༠

བདེ་སྟོང་དབྱེར་མེད་གངས་ལ་ཉི་ཤར་འདྲ། །
དེ་ལ་རེས་བཟུང་མེད་དོ་རིང་རི་བ། །

༧༡

འཁྲུལ་གཅུ་མ་རྟེས་མེད་བྲག་ཆ་ལྷབ་པ་འདྲ། །
སྒྲ་ལ་འཛིན་པ་མེད་དོ་རིང་རི་བ། །

༧༢

བདེ་སྦྱུག་འཁྲུལ་འཁོར་པི་ཝང་གཏོག་བརྒྱུད་འདྲ། །
མཐུན་རྐྱེན་ལས་ཀྱིས་སྦྱོར་རེ་རིང་རི་བ། །

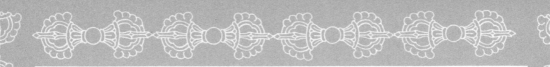

68

沒有念頭、沒有散漫的心，如同一面有著美人映像的鏡子，

聽瑞的人們啊，

心是離於任何理論的。

69

明覺和空性是無別的，如同鏡中倒影，

聽瑞的人們啊，

在這面鏡子中，無所生也無所滅。

70

大樂和空性是無分別的，如同太陽照亮白雪，

聽瑞的人們啊，

在那裡，沒有什麼是可以執取的。

71

迷妄之言將如同回音般消失無蹤，

聽瑞的人們啊，

在音聲之中，沒有什麼是可以執取的。

72

苦與樂如同魯特琴的琴身和琴弦發出聲響的機械作用，

聽瑞的人們啊，

快樂和痛苦是行為結合了必要的因緣所產生的結果。

༡༢

འཕོར་བདས་རང་གྲོལ་བྱིས་པའི་རྟེན་མོ་འདྲ། །

སེམས་ལ་གཏད་སོ་མེད་དོ་རིང་རི་བ། །

༡༣

ཕྱི་ཡི་སྣོས་པ་དང་གི་སེམས་པ་འདུས། །

འཁོར་བ་མ་ཆུ་དུ་ཞུའི་དོ་རིང་རི་བ། །

༡༤

མ་རིག་འཁྲུལ་འཁོར་སྣང་གི་ཆུ་ཟོ་ལ་འདི། །

བཀག་པས་ཟིག་པ་མེད་དོ་རིང་རི་བ། །

༡༥

འཕོར་བདས་འཁྲུལ་པ་དག་ཟིན་འཕྲང་པ་འདི། །

རམདང་དགེ་བ་སྒྲུབས་ཤིག་དོ་རིང་རི་བ། །

༡༦

སྐུ་ལུ་རང་གསལ་ལ་གསེར་སྒྱིང་བཟླ་བ་འདི། །

རེ་དོགས་སྤང་བརྣང་མ་བྱེད་དོ་རིང་རི་བ། །

73

輪迴和涅槃的本然自由，如同一個孩子的遊戲，

聽瑞的人們啊，

要有一個不帶任何目標的心。

74

你對外在世界的見解源自於心，

聽瑞的人們啊，

讓堅硬的冰融化成水。

75

無明如同一片牧草地上噴湧不絕的泉水，

聽瑞的人們啊，

它無法用堵塞的方式來阻斷。

76

輪迴和涅槃的迷妄，如同和敵人正面交鋒，

聽瑞的人們啊，

把修持善行當做你的盟友。

77

五身之本然明性，如同黃金大陸的廣袤無垠，

聽瑞的人們啊，

不要有希望或恐懼，貪愛或瞋恨。

༄༅།

དཔའ་འགྱུར་མི་ཁུས་རོ་ནས་ཆེན་སྐྱོང་དང་འདན། །
མཐོ་མེད་སྤྱོད་པོ་གལ་བྱེད་དེ་ང་རེ་བ། །

༄༈།

ཐེག་ཆེན་ཆོས་སྒྲུད་ཡིད་བཞིན་ནོར་བུ་འདྲ། །
བཅལ་ཡང་རྙེད་པར་དཀའ་བོ་དེ་ང་རེ་བ། །

༦༠

ཚེ་འདིའི་སྤྱོགོས་རྗེ་ལྟར་དུས་གང་སྒྱིད། །
མཐོ་རོ་ནས་ཆོས་ལ་རྗེ་ཆེག་དེ་ང་རེ་བ། །

༦༡

གཞན་པའི་དུས་ན་དཀའ་འབད་ཆུས་ལེ་ན་གྱིས། །
རྣམ་ནས་འབྱུང་བས་མི་འཆུན་དེ་ང་རེ་བ། །

༦༢

ཉིན་མོ་དང་སྐྱེ་ནས་གཉེན་པོ་ས་སྐྱེབས་པར་གྱིས། །
མཚན་མ་རང་ས་གྲོལ་ལོ་དེ་ང་རེ་བ། །

78

由於人身之暇滿，人身如同一座充滿寶藏的島嶼，

聽瑞的人們啊，

切勿空手而返。

79

大乘的修持法門如同一個如意寶，

聽瑞的人們啊，

無論你如何努力地尋找，都將難以再尋。

80

不管發生什麼事情，今生你都將有足夠的衣食，

聽瑞的人們啊，

把你所擁有的每一件事物用於修持佛法。

81

趁年輕努力且嚴格地修行，

聽瑞的人們啊，

一旦你年老，身體將經不起這樣的修行。

82

煩惱生起時，用方法來對治，

聽瑞的人們啊，

讓一切概念回歸它們的本來自性。

༡༣

སྐབས་སུ་འབོར་བའི་ཉེས་དམིགས་དྲན་པར་བྱིས། །

དང་པའི་གལ་འདེབས་ཡིན་ནོ་དིང་རི་བ། །

༡༤

དངོས་བཅུ་བ་འགྱུས་བསྐྱེད་པ་རང་རང་བྱུང་། །

ཤེས་པ་ལམ་སྐྱུ་འདེ་ནོ་དིང་རི་བ། །

༡༥

དངོས་མེ་ལ་ཁྱིམ་ས་ཁྱིམ་ས་དུས་ཚ་མ་ཞིག་ཡོད། །

དུས་བསྐྱ་ནམ་ག་ཅིག་ཡིན་དིང་རི་བ། །

༡༦

ཚེ་ལ་བརྟེན་མེ་ད་སྐྱ་བའི་ཐིལ་པ་འདི། །

ལེ་ལོ་སྐྱ་མས་ལམ་མ་བྱེད་དིང་རི་བ། །

༡༧

དངོས་འདི་ནས་རྟོག་སྒྱུ་འདེ་འགྱུར་ས། །

མི་ལུས་བྲིན་དགའ་པོ་དིང་རི་བ། །

83

時時思量輪迴的所有過患，

聽瑞的人們啊，

此舉將使你的信心更加清晰明確。

84

此時此刻，勤勉精進，腳踏實地，

聽瑞的人們啊，

當你死亡時，它將引領你走上修行之道。

85

如果現在沒有空閒，你要到何時才有空閒？

聽瑞的人們啊，

你享用佛法美饌的機會是千載難逢的。

86

人生如此短暫，如同青草上的露珠，

聽瑞的人們啊，

不要屈服於懶散和漠不關心。

87

萬一你從身處之地失足，

聽瑞的人們啊，

將很難再獲人身。

༦༦

སངས་རྒྱས་བསྟན་པ་སྒྲུབ་པར་ཅི་མ་འད། །

དེ་རེས་གཅིག་པུ་ཡིན་ནོ་དིང་རི་བ། །

༦༧

ཀ་མ་ནས་སོ་ལ་གཏོང་ཞིང་ལག་ལེན་རང་ལ་མེད། །

སྒྲུབ་མ་ཚང་རང་ལ་ཡོད་དོ་དིང་རི་བ། །

༦༨

དད་པ་རྟེན་གྱིས་བགྱུར་བ་ལས་ཏེ་བས། །

འཁོར་བའི་ཉེས་དམིགས་སོམས་ཤིག་དིང་རི་བ། །

༦༩

གྲོགས་དན་བརྟེན་ལ་སྒྱུ་དན་ཕྱུགས་ལ་འགྲོ། །

ཕྱིག་པའི་གྲོགས་པོ་སྤོང་ཤིག་དིང་རི། །

༧༠

གྲོགས་བཟང་བསྟེན་ན་ཡོན་ཏན་ཕྱུགས་ལ་འབྱུང༌། །

དགེ་བའི་བཤེས་གཉེན་བསྟེན་ཤིག་དིང་རི། །

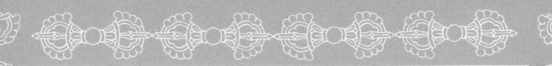

88

佛陀的法教如同穿透雲層的耀眼陽光，

聽瑞的人們啊，

此時是佛法之陽顯現的唯一時刻。

89

你對人們説出如此聰明機靈的見解，自己卻不實行，

聽瑞的人們啊，

你內在的過失才是需要被揭露出來的。

90

信心是如此輕易地就會屈服於環境，

聽瑞的人們啊，

思量輪迴的過患。

91

經常和損友交往，一定會讓你做出有害的行爲，

聽瑞的人們啊，

棄絕任何負面的友誼。

92

經常和益友交往，一定會使你生起美好的品質，

聽瑞的人們啊，

追隨你的心靈上師。

༼༣༽

གཡུ་སྒྲུ་ཧྲུན་གྱིས་རང་དང་གཞན་ཡང་སྐྱོ། །

དཔའ་པོ་སེམས་ལ་ཚ་ལ་ཅིག་གཏིང་རེ་བ། །

༼༤༽

མ་རིག་འཁྲུལ་པ་སྤུང་འདྲེའི་རྩྭ་བ་ཡིན། །

ཤེས་བཞིན་དྲན་པ་བྱུང་ཞིག་གཏིང་རེ་བ། །

༼༥༽

དུག་ལྔ་དུག་གསུམ་ཞེན་མེད་ཡལ་བར་ཐག་ཏེ། །

གཉེན་པོ་སྟོབས་ལྡན་བསྟེན་ཅིག་གཏིང་རེ་བ། །

༼༦༽

བརྗོད་པ་འགྱུར་མཐུ་སྟོབས་ཀྱང་བསམ་ཚོར་བར་སྐྱེ། །

གོ་ཆས་སྟེ་བས་པར་གྱིས་ཤིག་གཏིང་རེ་བ། །

༼༧༽

བག་ཆགས་འགྲོ་གས་ཡུན་རིང་བསགས་ཕྱིར་སྐྲེགས་པོ་ནས། །

འདས་པའི་རྗེས་འཇུག་མ་བྱེད་གཏིང་རེ་བ། །

93

詭計和謊言不只欺瞞他人，也欺騙自己，

聽瑞的人們啊，

以自己的良心爲見證。

94

源自無明的迷妄，是一個最可怕的、包藏禍心的惡魔，

聽瑞的人們啊，

時時保持覺察和觀照。

95

如果你不執著於三毒或五毒，你的修行之道便近了，

聽瑞的人們啊，

發展出強而有力的解藥來對治它們。

96

如果你無法堅持不懈，你將無法成佛，

聽瑞的人們啊，

確定自己披上堅持不懈的盔甲。

97

串習是一再造訪我們的老友，

聽瑞的人們啊，

不要持續重蹈覆轍。

༩༨

བོ་ཏོ་གསུ་ཆུང་ནུ་རྗེ་ལ་གསོལ་བ་ཐོབ། །

ཏེ་བ་ཛིན་ནུ་རྒྱུད་ལ་སྐྱེ་བོ་རིང་རོ་བ། །

༩༩

ཕྱི་མ་དེ་བ་དོ་ནན་ལྷ་སྔགས་བསྣེན་ཏེ། །

སངས་རྒྱས་རྩུན་ལྱོད་ནོ་རི་ང་རོ་བ། །

༡༠༠

ཨ་ཙ་ར་ནི་རི་ང་ར་མི་སྦྱོད་པ་འགྲོ། །

སྦྱོ་བ་དོ་གས་ད་ལྷུ་ཚོ་ནུ་ཆིག་རི་ང་རོ་བ། །

༡༠༡

ངག་ཡེ་ནས་པ་མེ་ད་ནོ་རི་ང་རོ་བ། །

ཕྱེད་ཀྱང་རྗེས་སུ་ཞུགས་ནས་ཤིག་རི་ང་རོ་བ། །

98

如果你的領會和了悟是薄弱的，向上師祈請，

聽瑞的人們啊，

如此，深刻的禪定將在你的心中誕生。

99

如果你想要在未來獲得安樂，你要接受眼前的考驗，

聽瑞的人們啊，

成佛就在你的身旁。

100

這個年邁的印度大師將不會留在聽瑞，他將遠離，

聽瑞的人們啊，

此時此刻，你必須釐清你的疑慮。

101

我自己曾經專一地修行，

聽瑞的人們啊，

你們也應該以我為榜樣。

頂果法王心意伏藏《自生蓮花心髓》「實修入門」課程招生中

《自生蓮花心髓》是頂果法王主要的心意伏藏之一,從前行法直到最高階的大圓滿法,涵蓋了各階段修持的完整教授。

雪謙‧冉江仁波切在《明示甚深道:《自生蓮花心髓》前行釋論》一書的序言中,曾詳述了此法由頂果法王二次取出的特殊經過:法王在二十多歲時,在西康宗薩寺講授《蓮師七品祈請文》時,親見蓮師而首度取出此法,可惜原典在文革期間付之一炬。多年後,法王與楚璽仁波切在尼泊爾的蓮師聖地揚列穴主修薈供時,因緣殊勝又重新取出。後來有位來自蘇曼寺的僧人,獻出了珍貴的殘本,兩相對照,發現原典與重取的內容文字皆一模一樣。由此可見此伏藏法的真實與殊勝。

臺灣雪謙佛學中心的常住堪布烏金‧徹林,遵照雪謙‧冉江仁波切的指示,預計以十年的時間,循序漸進地教導有緣弟子修習《自生蓮花心髓》各階段法要,課程的安排由淺入深,由顯入密,十年實修課程的修學內容,大致概分為:一、前行法三年,包括金剛薩埵、上師相應法、《自生蓮花心髓》隨許灌頂等;二、三根本三年,包括《自生蓮花心髓》大灌頂、涅系普巴、《自生蓮花心髓》空行法、《蓮花長壽心髓》長壽佛等;三、大圓滿法四年,包括氣脈修持、《持明總集》、拉尊道歌、立斷、《上師精髓》頓超等。

現階段堪布烏金從「實修入門」——四加行的前行教授開始,第一階段的課程教授基礎的毘盧七支坐、語加持、九節佛風、皈依發心、大禮拜、金剛薩埵百字明修誦等。在課程中,堪布一再慈悲叮嚀道:「頂果法王的教言中一再提及前行法的重要,如同建造房屋的地基。地基穩固的重要性是無庸置疑的。前行實修對於入門的修行者是非常重要的,修持前行之目的,不僅僅能為自身累積福德資糧,更能使行者自心清淨,調伏煩惱、學習安忍,堅定正知正念,為成佛證悟之道奠定穩固的基礎。」

竭誠歡迎您加入十年實修行列,真正踏上成佛解脫之道!

各班次依序開班中，詳情請參閱台灣雪謙官網 http://www.shechen.org.tw
報名請提供下列資料：

姓名：　　　　　　　　　　皈依：□是 □否
電話：　　　　　　　　　　性別：□男 □女
住址：

★課程地點：
** 高雄中心：高雄市三民區建國三路 6 號 9 樓
　　報名電話：07-285-0040、07-3132823
　　報名傳真：07-285-0041、07-3132830
　　報名 email：shechen.ks@msa.hinet.net
　　諮詢電話：0919613802（張師兄）
** 台北中心：台北市中山區龍江路 352 號 4 樓
　　報名電話：02-2516-0882

雪謙寺結夏安居參贊通啟

　　雪謙寺每座寺院在每年藏曆 6 月 15 日到 7 月 30 日，會展開為期一個半月的結夏安居。結夏傳統源自印度，因印度雨季來臨時，萬物滋養，蟲蟻草木繁殖茁壯。佛陀慈悲，為免外出托缽化緣的僧人誤踏蟲蟻而傷害眾生，故在雨季禁止僧團外出，聚居一處、精進修行，從此奠定了結夏安居的傳統。在結夏安居期間，僧侶必須遵守規定，嚴禁離開結界之處，沈潛地精進修行，且慈悲守護萬物生靈。若能在此結夏安居期間供僧，不僅種下護持佛法的因緣善根，也幫助僧侶精進修持，一舉多得，心靈富裕而法喜充滿。

佛經記載齋僧功德如下：
　　儀表端正，儀容莊嚴，人人見之，心生歡喜。
　　氣力隆滿，精神和暢，承事諸佛，無有疲勞。
　　趣向善道，生天人中，康健無惱，常隨佛學。
　　事事喜樂，身心安居，心想事成，遠離災厄。
　　音聲清雅，妙好無比，辯才無礙，聞者受用。

祈願一切有情眾生，善德增長、喜樂吉祥、解脫眾苦。
歡迎您發心隨喜，參贊雪謙寺結夏安居，護持僧團於此期間精進禪修，涓滴功德匯成大海。

★參贊匯款帳戶
●台北中心　TEL：02-2516-0882
帳戶名稱：台灣雪謙貝瑪卻林佛學會
郵局轉帳：ATM 轉帳郵局代碼：700
郵局帳號：00023360699886
郵政劃撥：50059066

聯絡人：0988-114-770（賴師兄）

●高雄中心　TEL：07-2850040

帳戶名稱：高雄市顯密寧瑪巴雪謙佛學會

郵局轉帳：ATM 轉帳郵局代碼：700

郵局帳號：00411100538261

銀行轉帳：兆豐銀行 017（三民分行）

銀行帳號：040-09-02002-1

郵政劃撥：42229736

聯絡人：0919-613-802（張師兄）

　　　　0929-305-794（李師兄）

＊為方便開立收據，請於匯款後來電告知轉帳帳號末五碼、收據姓名與地址。

雪謙教育基金募款通啟

　　雪謙寺是藏傳佛教寧瑪派六大支系之一，歷來以作育僧才、講修並重聞名。十九世紀最知名、博學的米滂仁波切，是雪謙寺的重要上師；還有雪謙·康楚仁波切，是推動利美運動三大上師之蔣貢·康楚的轉世之一；頂果法王的根本上師雪謙·嘉察、雪謙寺主雪謙·冉江等雪謙寺主座，都是當代學養俱佳、修證深厚的著名上師。雪謙寺在十七世紀時建寺，全盛時期共有 160 多座大小寺院，影響深遠。康區的雪謙寺在文革期間遭受嚴重破壞與毀損，為此，頂果法王於西元 1985 年在尼泊爾加德滿都博塔區重建了雪謙寺，至今成為延續與弘傳雪謙傳承最重要的基石。

　　雪謙寺除了寺院主體外，還設有佛學院、傳統唐卡學校、佛教小學、雪謙文獻資料室等，這套完善、多元的教育體制，不僅培育優秀的僧才與佛教人才，也致力於保存藏傳佛教深廣的心靈傳承，豐富的典籍藏書與影像資料庫等，讓世人了解藏傳佛教之餘，也保存了珍貴的佛教文物。

　　因此，我們誠摯地邀請您加入護持雪謙傳承的行列，透過發心贊助雪謙教育基金，來禮聘優秀的師資，充實雪謙寺與佛學院的相關設施，讓佛法的甘露生生不息、滋潤群生。

　　每年台灣雪謙中心例行會撥款贊助雪謙教育基金，這筆金額對佛法的弘揚，具有不可思議的因緣力量。您可以採取每年、每月固金額定或不定額隨喜的方式來參贊，感謝您的慈悲護持，成就自利利他。

★參贊匯款帳戶
●台北中心　TEL：02-2516-0882
帳戶名稱：台灣雪謙貝瑪卻林佛學會
郵局轉帳：ATM 轉帳郵局代碼：700
郵局帳號：00023360699886
郵政劃撥：50059066

聯絡人：0988-114-770（賴師兄）

●高雄中心　TEL：07-2850040

帳戶名稱：高雄市顯密寧瑪巴雪謙佛學會

郵局轉帳：ATM 轉帳郵局代碼：700

郵局帳號：00411100538261

銀行轉帳：兆豐銀行 017（三民分行）

銀行帳號：040-09-02002-1

郵政劃撥：42229736

聯絡人：0919-613-802（張師兄）

　　　　0929-305-794（李師兄）

＊為方便開立收據，請於匯款後來電告知轉帳帳號末五碼、收據姓名與地址。

修行百頌

項慧齡 譯
定價 400 元

《修行百頌》是十一世紀的偉大學者帕當巴‧桑傑的心靈證言，由頂果欽哲法王加以論釋，意義深奧又簡明易懂。

覺醒的勇氣

賴聲川 譯
定價 220 元

本書是頂果欽哲法王針對「修心七要」所做的論著。「修心七要」是西藏佛教所有修持法門的核心。

如意寶

丁乃竺 譯
定價 400 元

依著第十八世紀聖者持明吉美林巴所撰述的上師相應法之修持教義，頂果欽哲法王在本書中，著重於傳授上師相應法的虔誠心修行，也就是與上師的覺醒心合而為一。

你可以更慈悲

項慧齡 譯
定價 500 元

本書是法王頂果‧欽哲仁波切針對藏傳佛教最受尊崇的法典「菩薩三十七種修行之道」所做的論釋。

證悟者的心要寶藏

（唵嘛呢唄美吽）
劉婉俐 譯
定價 500 元

在本書中以特別易懂、易修的方式，陳述了完整的學佛之道：從最基礎的發心開始，臻至超越了心智概念所及對究竟真理的直接體悟。

成佛之道

楊書婷 譯
定價 250 元

本書是頂果欽哲法王針對蔣揚‧欽哲‧旺波上師所撰的金剛乘前行法之重要修持加以闡述，明示了金剛乘修持的心要。

明月：
頂果欽哲法王自傳與訪談錄

劉婉俐 譯
定價 850 元

本書分為兩大部分：第一篇是頂果‧欽哲仁波切親自撰寫的自傳，第二篇為仁波切的主要弟子的訪談記事。是深入了解頂果法王生平、修學過程與偉大佛行事業的重要文獻與第一手資料，值得大家珍藏、典閱與研學。

明示甚深道：
《自生蓮花心髓》前行釋論

劉婉俐 譯
定價 500 元

本書是頂果欽哲仁波切主要的心意伏藏之一，從前行法直到最高階修法的大圓滿，此書是前行的珍貴講解。

醒心

米滂仁波切 原著
頂果欽哲法王 賴錄
張昆晟 譯
定價 250 元

本書分為三段，第一部為主題，前譯寧瑪的巨擘「文殊怙主 米滂仁波切」寫在《釋尊廣傳‧白蓮花》裡的修法，講述透過釋尊身相而修習止觀的瑜伽法門；第二部，具體觀想、祈請釋尊的方法──〈釋尊儀軌‧加持寶庫〉；第三部是兩則〈釋尊讚〉。

本淨
《椎擊三要》口訣教授

頂果‧欽哲法王 講授
劉婉俐 譯
定價 300 元

頂果法王親述的《椎擊三要》法教，曉暢易懂，卻又棵次謹嚴、深廣奧妙，實是大圓滿法行者在聞、思、修中的必備法炬。

淨相
金剛乘修行的生起次第與圓滿次第

頂果‧欽哲法王 講授
劉婉俐 譯
定價 300 元

頂果法王依序解說了金剛乘生起次第與圓滿次第的要點，包括：生起次第的基礎與前行──灌頂的類別、內容、和涵義。

遇見‧巴楚仁波切

巴楚仁波切
Patrul Rinpoche 著
定價：200 元

本書以一位年輕人和一位老人之間的對話形式來撰寫。充滿智慧的
老者讓年輕人狂野的心平靜下來，並帶領著年輕人進入道德倫常的
優美境界之中。

大藥：

戰勝視一切為真的處方

雪謙‧冉江仁波切
Shechen Rabjam Rinpoche 著
定價：250 元

本書探索菩提心的根基、慈悲的內在運作、空性的見地，以及實際
將這些了解應用於修道的方法。

西藏精神—頂果欽哲法王傳

（精裝版）

馬修‧李卡德 著
賴聲川 編譯
定價：650 元

頂果欽哲法王是一位眾所周知的大成就者，與其接觸者無不為其慈
悲和智慧所攝受，隨著法王的心進去了佛心。

邁向證悟

藏密大師的心要建言

馬修‧李卡德 著
項慧齡 譯
定價：450 元

頂果‧欽哲仁波切曾對李卡德說：「當我們欣賞領會八大傳統的見地
之深度，並且了解它們全部不相互抵觸地殊途同歸時，我們心想：『只
有無明會使我們採取分派之見，』」這席話激發李卡德編纂這本文集。

西藏精神—頂果欽哲法王傳

（DVD）

定價：380 元

第一單元由賴聲川 中文口述
第二單元由李察基爾 英文口述

揚希—轉世只是開始

（DVD）

定價：500 元

甫一出生，我就繼承欽哲仁波切的法炬；
現在，該是我延續傳燈的時候了。

明月：瞥見頂果‧欽哲仁波切

（DVD）

定價：380 元

導演 涅瓊‧秋寧仁波切

祈請：頂果欽法王祈請文

（CD）

定價：300 元

此為 頂果欽哲法王祈請文，由寧瑪巴
雪謙傳承上師——雪謙冉江仁波切 唱頌

憶念：頂果仁波切（CD）

定價：300 元

在 2010 年 頂果欽哲法王百歲冥誕，雪謙冉江仁
波切為憶念法王，所填寫的詞，由阿尼雀韻卓瑪
等唱頌，在這虔誠的歌曲聲中，再再融入法王遍
在的慈悲和智慧。（內附音譯、中藏文歌詞）

國家圖書館出版品預行編目（CIP）資料

修行百頌：在俗世修行的一○一個忠告／頂果欽
哲法王（Dilgo Khyentse Rinpoche）作；項慧齡譯 .
-- 二版 . -- 高雄市：雪謙文化出版社 , 2023.07
　　面；　公分 . --（頂果欽哲法王文選；1）
譯自：The hundred verses of advice.
ISBN 978-986-90066-7-5（平裝）

1.CST：藏傳佛教　2.CST：佛教修持

226.966　　　　　　　　　　　112009384

頂果欽哲法王文選 01

修行百頌

在俗世修行的一〇一個忠告

作　　者　頂果欽哲法王（Dilgo Khyentse Rinpoche）

總 召 集　賴聲川

顧　　問　堪布烏金・徹林（Khenpo Ugyen Tshering）

審　　定　蓮師中文翻譯小組

譯　　者　項慧齡

文字編輯　楊書婷

校　　對　項慧齡

封面設計　A＋ design

內頁設計　A＋ design

發 行 人　張滇恩、葉勇瀅

出　　版　雪謙文化出版社

　　　　　戶名：雪謙文化出版社

　　　　　銀行帳號：兆豐國際商業銀行　三民分行（代碼 017）040-090-20458

　　　　　http:// www.shechen.org.tw　e-mail ： shechen.ks@msa.hinet.net

　　　　　劃撥帳號：42305969

　　　　　手機：0963-912316　傳真：02-2917-6058

台灣雪謙佛學中心

高雄中心　地址：高雄市三民區建國三路 6 號 9 樓

　　　　　電話：07-285-0040　傳真： 07-285-0041

台北中心　台北市龍江路 352 號 4 樓

　　　　　電話：02-2516-0882　傳真： 02-2516-0892

行銷代理　紅螞蟻圖書有限公司

　　　　　地址：台北市內湖區舊宗路 2 段 121 巷 28、32 號 4 樓

　　　　　電話：02–2795-3656　傳真：02–2795-4100

出版日期　西元 2005 年 4 月初版一刷

　　　　　西元 2023 年 7 月二版一刷

印刷製版　中原造像股份有限公司

I S B N　978-986-90066-7-5

定　　價　新臺幣 400 元